阅读日本书系

日本民众文化的原乡
被歧视部落的民俗和艺能

﹝日﹞冲浦和光／著

王禹 孙敏 郑燕燕／译

社会科学文献出版社
SOCIAL SCIENCES ACADEMIC PRESS (CHINA)

NIHON MINSHU BUNKA NO GENKYO: Hisabetsu Buraku no Minzoku to Geino by OKIURA Kazuteru
Copyright ©1984 by OKIURA Kazuteru
All rights reserved.
Original Japanese edition published by Buraku Liberation Publishing House Co. , ltd 1984
Republished by Bungeishunju Ltd. , 2006
Chinese (in simplified character only) translation rights in PRC reserved by Social Science Academic Press, under the license granted by OKIURA Kazuteru, Japn arranged with Bungeishunju Ltd. , Japan through TUTTLE – MORIAGENCY Inc. , Japan.

阅读日本书系编辑委员会名单

委员长 谢寿光 社会科学文献出版社社长

委　员 常绍民 三联书店（北京）副总编辑

　　　　　张凤珠 北京大学出版社副总编辑

　　　　　谢　刚 新星出版社社长

　　　　　章少红 世界知识出版社副总编辑

　　　　　金鑫荣 南京大学出版社社长兼总编辑

　　　　　韩建民 上海交通大学出版社社长

事务局组成人员

　　　　　杨　群 社会科学文献出版社

　　　　　胡　亮 社会科学文献出版社

　　　　　梁艳玲 社会科学文献出版社

　　　　　祝得彬 社会科学文献出版社

　　　　　梁力匀 社会科学文献出版社

目　录

序　漫步拥有悠久历史的部落 / 001

　　1. 挖掘日本文化的深层内涵 / 003
　　2.《小栗判官》《葛叶》传说中的古道沿线 / 007

I　熊野古道沿线流传的民俗表演艺术 / 017

　　3. 位于沿海地区却没有捕鱼权的部落 / 019
　　4. 因熊野参拜而繁华热闹的宿站 / 029
　　5. 近世以来的谋生手段和生活 / 038
　　6. 部落的始祖"若太夫" / 051
　　7. 虽然贫穷但人情味很浓的共同体 / 058
　　8. 生活在海上的"渡众"的传统 / 071
　　9. 云游于古道的"念佛圣" / 083
　　10. 表达祝福的门前戏春驹 / 093

II　日本民众文化的原乡

II　木偶戏巡演三百年 / 109

11. 雪夜啜泣的胡弓 / 111
12. 在河岸举行的歌舞游行 / 122
13. 福神信仰与大黑舞、惠比须戏 / 132
14. 装饰新春的美丽的木偶姑娘 / 138
15. 异形的风俗、门前戏艺人的风姿 / 151
16. 辛苦的外出巡演 / 159
17. 逐渐消亡的民俗艺能 / 171

III　以驯养鸬鹚帮人捕鱼来维持生计的川之民 / 185

18. 作为川之民活着的被歧视部落 / 187
19. 受到歧视的鹚匠 / 204
20. 甲州的杀生故事和谣曲"三卑贱" / 215
21. 鹚匠的往事回忆 / 231
22. 像自家孩子一样的海鸬鹚 / 246
23. 自然遭到破坏　生物难以生息 / 257
24. 鸬鹚返回故乡的海 / 263

终　日本文化的地下暗流 / 267

25. 往来于古道的卖艺人 / 269
26. 游走于山间贫寒乡村的卖艺人 / 273
27. 探访起源于中世时期的部落 / 276

后　记 / 282

解说　游走于亚洲边缘地区的人 / 285

序

漫步拥有悠久历史的部落

图1　祭祀信太明神的摄社，位于圣神社的里边

1. 挖掘日本文化的深层内涵

为什么要走访具有悠久历史的部落呢？

我从20世纪70年代后半期开始，就不断地去走访那些具有悠久历史的被歧视部落。翻阅我手边的笔记可以发现，我走访过的部落早已超过了百个。我主要去的是近畿以西地区，还没太涉足中部以东地区。

在部落采访时，我从故老和乡土历史学家那里，听闻了他们对往事的种种回忆。他们给我看了留存下来的相关史料、古迹和物件。有的部落只访问一次是无法了解所有情况的，因此我常常多次前往。

当发现有传承下来的民俗艺能时，我就会拜托对方，请对方特意为我表演一下。当我发现长期以来支撑着这个地区民众生计的产业技术被保留下来的时候，我就会请对方现场演示一下那些技法。为什么我要走访具有悠久历史的部落呢？我到底要思考些什么、探究些什么呢？我的目的是了解如下三项内容。

（一）这些被歧视部落究竟是在什么时代、在怎样一种社会背景下形成的。也就是说,我想探寻各个地区被歧视部落的起源。

(二)这些部落到底传承了哪些民俗和文化。我特别想从民俗史、工业史、宗教史、艺术史的视角,来搞清楚是什么构成了部落的根和民众生活的基础。

(三)住在那里的人们一直忍受着各种各样的歧视和压迫带来的痛苦,他们生活至今,到底是靠什么维持生计,他们过着怎样的生活。

大致来讲,我是为了亲眼确认以上三项内容而积极探索具有悠久历史的部落的。

古代文化与部落的分布

漫步各地拥有悠久历史的部落,我很快就注意到了一个事实——越是日本古代文化早早开始繁荣的地区,分布的被歧视部落就越多。1980年,从都府县的人口比例来看,部落人口最多的是奈良县,其县内拥有83个被歧视部落。奈良县大约7%的人口生活在部落。下文中的"部落"一词均指被歧视部落。

奈良县在古代是大和国,这一带正好处于大和朝廷的势力范围内。在大和朝廷的势力、权力能够直接触及的地区,例如在以大和为首的河内、摄津、山城、和泉5国以及位于其周围的纪伊、播磨、丹波、近江等地区,有特别多的被歧视部落。

自古以来就是最重要交通要道的濑户内海沿岸以及很

早就与朝鲜半岛及大陆文化有接触的九州北部，也都存在很多被歧视部落。在这些地区，部落人口均占居民总人口的2%~3%。

这些事实仅仅是日本历史孕育出的偶然现象吗？当然并非如此。上述部落分布状况与大和朝廷统治下天皇王权的扩大、对反抗势力的镇压以及随古代律令制国家建立而形成的身份制度等一系列过程并非完全没有关系。

但是，在此我们先不要对这个问题过早地下结论。源自中世时期贱民制的"歧视与被歧视"问题当然不一定全都与以古代天皇制为顶点的"统治与被统治"这一结构直接相关。

国都附近保留着丰富的关于王朝贵族、寺院及神社的史料。以此为中心，迄今为止有关部落史的研究不断取得进展。可是，我们不能以这些先进地区为模板，得出全国整齐划一式的答案。在关东以北及九州以南地区，中世至近世初期有关贱民的史料非常少，因此研究起来非常困难。挖掘每个地区历史层面和地理层面的特殊性，并进行比较分析，将成为未来的重要课题。

歧视下的"丰饶的黑暗"

我还感受到的一点是，我们必须将部落民众所遭受的残酷歧视及其悲惨的贫困状态作为历史事实了解清楚。我认为在考虑部落问题的时候，思考的出发点应该是与民众生计及其居住环境相关的严酷的歧视现象。

但是，这些被歧视部落的民众是生活在一个悲惨、贫困、没有救赎的世界吗？是清一色悲惨的、绝望的世界吗？难道民众的历史就没有辉煌的一面吗？事实并非如此。他们被迫置身于远离中心的边缘地区，处于与上流社会隔离开来的底层社会，可正因为如此，反而使他们蕴含了一种推翻既有秩序、创造新事物的混沌的潜在力量。

从表面上来看，在歧视和镇压下，以往的部落生活看上去可能像是一个黑暗的世界。但是，在这黑暗的世界中存在着可以称为"丰饶的黑暗"的一面。底层民众有着各种各样的悲伤和痛苦。但是，他们一边与歧视和镇压做斗争，一边作为人而生存着，他们的生活中也有不少闪光之处。各个部落都拥有民众艰辛生存的历史，都具有传统的民俗和人们赖以维持生计的营生。

从古代到中世再到近世，历史不断向前推移。但是，无论是在哪一个时代，在社会的产业、技术、交通、文化、艺能、民间信仰等各个领域中，实际直接劳作的生产者、制作者、传播者正是众多无名的民众，并且在这些民众中，受到歧视或者可以说正因为受到歧视才被迫从事繁重劳动的都是各个时代贱民阶层中的人。我们必须重新立足于民众史的立场，从根本上重新评价迄今为止的日本历史。

2.《小栗判官》《葛叶》传说中的古道沿线

留存至今的外来人足迹

我现在居住的地方按以前的说法应该是河内国，而且是在其南端与和泉国国境相接的狭山丘陵地区。其前方是巨大的狭山池，即日本最古老的灌溉池。狭山池仍然以千百年来未变的身姿横卧在丘陵前。

开发这一带时，处于劳作第一线的是被称为"今来才伎"①的渡来人②当中的技术人员。古代记录中记载着朝廷曾经役使数十万民众挖掘狭山池。离我家很近的狭山池旁边略微隆起的山丘上有他们居住过的简陋房屋遗迹。

另外，这一带自古坟时代后期开始就是盛产素烧陶器的地区。《日本书纪》崇神天皇七年（公元前91年）条目中出现的地名"陶邑"至今还保留着。在毗连的和泉丘陵

---

① 今来才伎是指日本雄略天皇时期的汉人移民，因其带来各种新技术而被誉为"今来才伎"。——译者注，以下如无特别说明，脚注均为译者注。
② 渡来人是日本对朝鲜、中国等亚洲大陆移民的称呼。他们通常是因本国国内战争频繁或随文化交流传播而移居日本的。

地带，发掘出的当年的登窑遗迹有千处以上。负责生产须惠器①的是从古代朝鲜半岛百济来的人。行基（668~749）大师是以王仁②为祖先的外来氏族子孙，他的出生地家原寺也在这附近。

古老的式内社狭山神社静静地立于狭山池畔。古树环绕的院落里至今还保留着一口古井，据说行基在修复狭山池时在那里洗过脚。

从狭山的高地向东远眺，可以看到金刚、葛城、二上、生驹等山脉绵延横亘着。竹内古道是连接大和与河内的日本最古老的国道，位于二上山的右边，看上去呈细细的一条线。越过这座山，就到了大和国境内。

水平社运动的发祥地

在金刚山与葛城山之间绵延着具有悠久历史的水越山岭。从这里用肉眼也可以清晰地看到这座山岭。在这附近到处都保留着役小角③的行迹。役小角曾经作为蛊惑民众的巫师而受到朝廷的镇压。下了这座山，一进入大和，即可看到坐落在山麓的御所地区的街景。御所地区共有8个被歧视部落。

其中之一的柏原部落是部落解放运动最初的烽火水平社运动的发祥地。这个小小的部落为绿意盎然的本马丘所

---

① 须惠器是日本古坟时代至平安时代生产的陶器。
② 传说应神天皇在位时王仁从百济前往日本，在当地传播汉字和儒教，但有些学者质疑其真实性。
③ 役小角是指日本七八世纪时在大和葛城山一带修行的巫师。

环绕,前面流淌着曾我川的支流。这个部落至今还保留着以前的农村风貌。

古老的房子静静地排列在一起。水平社运动的发起人西光万吉出生及成长的西光寺位于山脚下保持着昔日面貌的狭窄小巷边。沿着小巷步行,可以产生一种这里是日本村庄的原乡的感觉。

离西光寺100米远的地方有一个制造动物胶的工厂。这家工厂此时已经停工。这里是与西光先生一同为创立水平社而努力的阪本清一郎先生的家。为了了解当年的情况,我前去拜访了好几次。

图2　在水平社发祥地与阪本清一郎的合影

(1978年,左侧为笔者)

在"原乡"这个词中,"原"字意味着"源""原本的形态",而"乡"字意味着"村庄""故乡"。也就是说,"原乡"含有"保留着古老的原生态的故乡"之意。

本书下文中所涉及的3个部落正是保留了自古以来的日本民俗文化传统的村庄。正是因为这一视角,本书才斗胆取名为"日本民众文化的原乡"。

掉过头来,从狭山的高地向西远眺,泉北的街景就展现在眼前。从这里步行10公里,就可以来到海边。以前这里是有着白沙、青松的风景秀美的海岸。战前,晴朗的日子里可以很清楚地看到淡路岛。但是,现在都被临海的工厂遮掩,什么也看不到了。这片高地的背后绵延着一条通往信太山的路。越过那片人烟稀少的低矮丘陵即可来到和泉国。途中会经过一个与和泉式部①有渊源的古老的小型神社。

熊野古道沿线的被歧视部落

如上所述,因为相距不远,所以我从和泉前往纪州、大和的被歧视部落进行采访的机会是最多的。特别是从和泉沿海岸线南下就可以到达的熊野古道沿线部落,迄今为止我已经走访过好几次了。

我所走访的熊野古道沿线具有悠久历史的部落包括和泉市的旧南王子村、贝塚市的旧岛村、泉佐野市的樫井地区,进而包括进入纪州路之后的汤浅町的旧矶肋村、御坊市的旧蘭村、岛村以及新宫市的春日地区等。

---

① 和泉式部是日本平安时期的女诗人。

这些地区都是中世末期或者近世初期建立起来的具有悠久历史的被歧视部落。很多地方都留存着检地帐①等古老的史料，这些史料可以证实这一点。其中大部分地区属于人口超过1000人的大型部落。

特别是旧南王子村，我曾多次前往。因为沿着前述信太丘陵山脊走的话，那里离得很近。

这个村子是因其紧邻熊野古道九十九王子神社中的第九个王子神社，即筱田（信太）王子神社而得名。根据故老们的话，这个村子的起源与紧邻的古老的式内社圣神社有历史渊源。这里还保留着发源于此处的、自中世以来的丰富的民俗。

圣神社历史悠久，据传起源于信太首天武三年（674）奉敕令举行的祭祀活动。其院内有一处小型古坟。这座古坟里面葬的是拥有先进生产技术并为这一地区的开发做出了贡献的信太首。

农耕稻作文化在很早以前就已经传到了这一带。从丘陵地区发掘出来数个弥生时代农耕村落的遗迹。这些可能是由朝鲜半岛来的渡来人开拓的吧。弘仁六年（815）奉天皇之命编撰的《新撰姓氏录》中，明确记载着此地的豪族信太首也来自百济。

信太森林与南王子村

上述内容暂且不加详述，接下来让我们一起来看一下

---

① 检地帐是太阁检地时以村为单位的检地登记册，详细记录每块土地的等级、面积、标准收获量、耕作者等信息。

距今千年前清少纳言所著《枕草子》中涉及"信太森林"的非常有名的诗句。"信太森林"指的就是圣神社的森林，从平安时代开始即作为"歌枕"① 出现在众多的和歌当中。

  君若萦思寻会晤，执手相逢和泉处。信太萧然人孑立，葛叶泪痕凝悲树。

  大家可能都听说过这首和歌吧。"信太森林"在平安时期就已经成了"和歌说话"②的背景舞台，进入室町时期后在大众说唱故事的世界中频频出现。在传说中，"葛叶狐"不得不将孩子留下而孤身离去。描绘"葛叶狐"悲哀的中世"说话"在江户时代演变成了古净琉璃③《信太妻》，进而与关于安倍晴明（921 ~ 1005）的传说相关联，于享保十九年（1734）由竹田出云编排成了《芦屋道满大内鉴》。自那以后，与这首和歌"若相思……"一样，"葛叶别子之段"也受到了众多民众的喜爱。

  这个物语自中世开始一直作为大众说话文学而得到传承，其发祥与传播都与"信太妻"的故土、"信太森林"近旁的旧南王子村有着密切的关系。也就是说，正是那些居于此地、沿着古道游走流浪的讲经师们通过"讲述"，逐渐使这个物语的构思丰满，并且将之与阴阳师的领军人物安倍晴明联系在了一起。

---

① 歌枕是指日本古代和歌中歌咏过的名胜。
② 和歌说话是日本古典文学作品的一种形式。
③ 净琉璃是在日本近代中最被关注的一种音乐，它本是由说唱艺术发展起来的木偶戏。

图3　街道中间残留的熊野街道的路标

为什么安倍晴明会登场呢？平安朝之后，律令制实质上已经解体，除了朝廷控制的一小部分官方认可的阴阳师之外，身处民间的低级阴阳师们大多过得不如意。他们渐渐地被当作使用巫术蛊惑民众的人而受到歧视。

这些人主要从事的是古代流传下来的、起源于道教的占卜吉凶和祈祷祈福，同时他们也会发行历书。当然，他们发行的并非是朝廷力挺的、土御门家[①]认可的正规历书，而是为方便民众使用而制作的廉价而简易的历书。

---

① 土御门家是安倍晴明的后裔，江户时代因受到德川幕府的庇护，成立"土御门神道"，一直掌握着阴阳师集团的实权，拥有制作正规历书的垄断权。

有记录显示圣神社周边地区自古以来就有阴阳师们居住并发行历书。据《和泉市史》记载，自江户初期开始这里就有"舞村"。"舞村"当中居住着在圣神社举行祭祀活动之际负责向神佛献舞的舞太夫们，还有几位阴阳师在此地制作并贩卖历书。最近，在堺市历史悠久的家族中发现了紧邻旧南王子村的旧舞村延宝四年（1676）发行的历书。这历书一直被当成裱糊隔扇的底子。

阴阳师村与关于安倍晴明的传说

为什么在圣神社周围存在阴阳师村呢？圣神社的"圣"字原本是什么意思呢？柳田国男推测，"圣"字意为"了解时运的人""占卜时运善恶""以巫术祈祷来改变时运"——这应该是指与阴阳道的源头相关的祭神（柳田國男著作集第九卷『毛坊主考』）。根据这一说法，首次将历书带到此地的信太氏是为了祭祀自己的圣神而创建圣神社。

刚一出旧大阪市，就是熊野古道的第二个王子神社——阿倍王子神社。毗邻此地的是一座小小的安倍晴明神社，据传为安倍晴明出生的地方。沿着这条路向南行15公里左右就到了旧南王子村。也就是说，阿倍王子神社与旧南王子村之间是依靠熊野古道连接的。这条道路自古以来就被称为"小栗街道"。非常有名的说经节《小栗判官》中描述了最后变成饿鬼阿弥的小栗判官乘搬土用的两轮车一路狂奔到熊野的汤之峰的情景，因此这条路至今依然被称为"小栗街道"。

精通民俗学的优秀文学家折口信夫推测，有可能是隶属于四天王寺、被称为安倍野童子的艺能团体创造了《信太妻》的故事（折口信夫全集第二卷『信太妻の話』）。

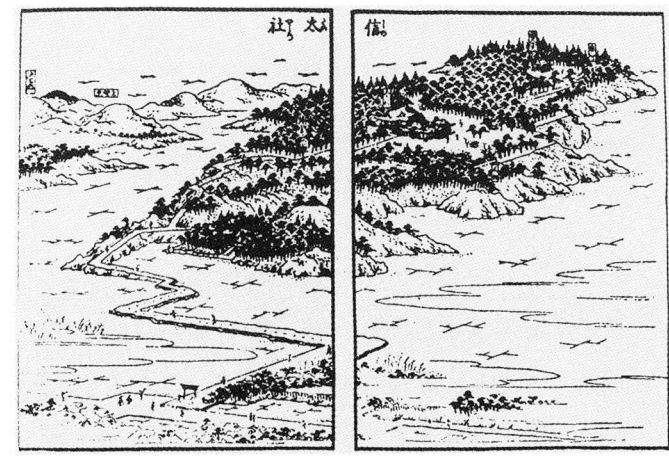

图4　信太社（《和泉名所图会》）

但是，我认为倒不如说是居住在旧南王子村"说书"艺人们充实了这个故事的构想，并以近世版《信太妻》物语形式传播了这个故事。我的故乡"信太森林"附近有阴阳师居住的村落，在常常经过的同一条路上还有安倍晴明神社，如此一来，"葛叶狐"的故事梗概与关于安倍晴明的传说联系在一起，也是极其自然的一件事了。

如此处关于圣神社的古画所示，如今的"信太森林"依然保留着千年历史的厚重感，郁郁葱葱。从这幅图画看，神社的右下方顺着熊野古道可以看到小小的村落，这就是旧南王子村。神社早已经没有访客了，参拜用的道路入口处两只落后于时代的石狮子一动不动地蹲守着。经过漫长的岁月和风吹雨打，石狮子的面部已经风化得快辨认不清了。这两只石狮子早在这幅图被画出来之前就已经蹲守于此了。

关于旧南王子村传承的民俗和文化，因为我计划在其他文稿中记叙，所以在此不再详述。从这个村落中留传下来的有名的《奥田家文书》（全十五卷，奥田家文书研究会编、部落解放研究所、1967～1976）可知，自江户时代开始，村子里的生活记录都被详细地保留下来了。（沖浦『陰陽師の原像』岩波書店、2004）

从旧南王子村南下数公里即可到达贝塚的旧岛村。旧岛村同其他众多被歧视部落一样，没有多少耕地，除了制鞋和制木屐面之外，没有什么引人注目的部落产业，因此部落里的人们一直受到歧视和贫困的折磨。然而，这一地区具有悠久的历史，旧岛村作为"皮田村"出现在庆长九年（1604）的检地帐中。

位于这个部落中心的圆光寺被认为起源于一向一揆①时期的道场。根据故老们的讲述，建立道场的祖先们曾为救援本愿寺而参加了石山合战。盛夏时节，在圆光寺院内会举行化装后跳"东盂兰盆舞"的活动，其歌词还保留着江户时代的传统。"东盂兰盆舞"是传承了300年的民俗艺能。故老们说，正月里也有不少人出门去表演春驹和"念喜歌"等门前戏，还有不少人成为巡回演出的卖艺人。可以说这里具有很浓厚的艺能村的色彩。（東の歴史そ掘りわニす会編『島村の歴史と生活』部落解放同盟貝塚支部、1982）

---

① 一向一揆是指以农民为主的净土真宗本愿寺派信徒发动的武装起义。

I

熊野古道沿线流传的民俗表演艺术

图1-1 在理发店内表演春驹(20世纪50年代)

3. 位于沿海地区却没有捕鱼权的部落

站在日高川河口

因烟树浜美丽的松林而闻名于世的和歌山县御坊市位于日高川的河口。我于1982年早春走访了御坊市的部落，其时正是这个地区有名的梅花开始绽放的季节。

河口处可以看到涌向岸边的白浪。在宽广的河口堤坝下，薗①与岛相邻，二者都位于堤坝正下方的低洼潮湿地带。这里作为"皮田村"出现于庆长的检地帐中，是具有悠久历史的部落。延宝六年（1678）的《日高鉴》载，这两个地区当时的户数为11户。

这一带原本是日高川三角洲地带，河流因为三角洲而分成几股。以前每当洪水泛滥，河流流向就会立刻发生改变。因此，下游地区的交通主要是依靠船舶。同时，这个地区自古以来就是连接濑户内海与熊野地区的海上交通要道。《日本书纪》雄略天皇七年（462）条目中出现的"日鹰吉士"是居住于这一带的船夫、水手等的团体，是自古

---

① 历史民俗用语，日本古代及中世田地的一种。

以来从事渔业的大海之民。(『御坊市史』第一卷)

分布在纪伊国沿海地区的部落也是耕地很少，没有什么突出的部落产业，长年都苦于受歧视和贫困。这个薗与岛的部落在检地帐中也被标记为"皮田"，然而这里从江户时代开始就没有从事任何与皮革相关的产业。这个地区主要的谋生手段是始自江户时代的码头卸货。很早就建立了搬运工行会，通过直接选举的方式选出自己的会长，形成相互扶助的共同体，勉强维持生计。

走访这些地区时，我主要关注了以下两点：第一，据推断，这些沿海地区的部落与中世时期的杂贺水军及海上船运业有一些关联；第二，这里与上文中提及的杂贺一揆，即最后的一向一揆，在地理上有着密切的联系。我意识到在这些地区被歧视部落的形成史上，上述两点是不容忽视的。

汤川氏作为这一带的领主，自南北朝时代（1336～1392）开始就拥有强大的势力。汤川一族在丰臣秀吉进攻杂贺之际，一直站在杂贺族众一方，坚持抗战到最后。即使其主力在熊野被消灭了，残余兵力依然坚持着勇猛果敢的游击战。

汤川氏之所以一直支持一向一揆，是因为其与本愿寺有着密切的宗教方面的联系。享禄和天文时期（1526～1555），汤川直光得到本愿寺第十代住持证如的亲身教诲，深信并皈依了净土真宗。他主动剃发，号政岸入道，在吉原浦建立了修行道场。这就是今天的本愿寺日高别院（御坊）的前身。此后，文禄四年（1595）在薗浦海滨和岛村的荒地上建起了一个四町①见方的厅堂。这就是现如今的日高别院,位于被歧视部落近旁。毋庸赘言,御坊市这一城市名也源自日高御坊。今天的御坊市是以御坊为中心而形成的。

因为从堤坝上可以一览整个地区,所以我到很高的堤坝上走了一段。日高川在纪州算是可以与纪川、熊野川相提并论的大河。河口这一带的河面宽将近300米。从堤坝上可以看到远方海面上通行的船舶。从海岸沿着河面吹过来的风虽然称不上是狂风,但也让人感觉到肌肤寒冷。

日高川流域自古以来遭受过无数次洪水。最近一次是1953年,大风水灾造成了巨大损失。位于低洼潮湿地带的薗和岛村堤坝决口,洪水泛滥,造成多人死伤。虽然已经过去了30年,可是大洪水的后遗症至今还到处可见。今天,这一带几乎看不到树木,这也是经历过大洪水的缘故。洪水之后修建的改良住房不仅狭小,而且早已经变旧了。

堤坝上到处都放置着生有红锈的排子车的残骸。拉排子车曾经也是这个地区人们主要的谋生手段。但是随着卡车等现代运输方式的发展,拉排子车落后于时代,最终被历史淘汰了。

莲如上人"片袖的名号"

下了堤坝,我到日高别院宽敞的院子里走了走。然后我走访了位于汤川町财部的安养寺。这座寺院古老的土墙

---

① 町是日本的长度单位。1町大约为109米。

十分醒目，而寺院内面积很小。

《日高郡志》中记载着"大永三年（1523）道西开创此寺院"。当然，当时这里只是一个小型的修行道场，延宝六年（1678）获准在此安放木佛本尊而被正式认定为寺院。

在御坊市、日高町、印南町等附近十几个被歧视部落的当地寺院中，这座寺院是自江户时代以来就一直保持着总寺院资格的寺院。虽然信徒人数众多，但其一直作为"秽寺"而受到本愿寺的歧视。

据寺传所载，文明年间（1469～1486）本愿寺第八代莲如大师（1414～1499）去纪州参拜途中，在藤井碛（河原）遇到了道西。道西在河原受到了莲如的教诲，发誓深信净土宗并皈依了净土真宗。作为立证，莲如撕下自己的一片衣袖，在上面写了"南无阿弥陀佛"六字名号，交给道西。这"片袖的名号"至今依然作为寺宝被珍藏着。

虽然我没有事先通知就突然造访，但住持大师还是特意出来并热情地接待了我。我瞻仰了得到妥善珍藏的"片袖的名号"，又拜读了寺里传承的历史悠久的文书。这里保留着自江户中期以来的文书。

——这里还留存很多去世的人的名册吧？

"很遗憾，那些都已经散失了。也有虫蚀得很厉害、已经没办法读了的……因为这些都是珍贵的记录，所以我有时会很遗憾地想，要是保管得更仔细一些就好了。"

——这"片袖的名号"是像寺传里讲的那样，由

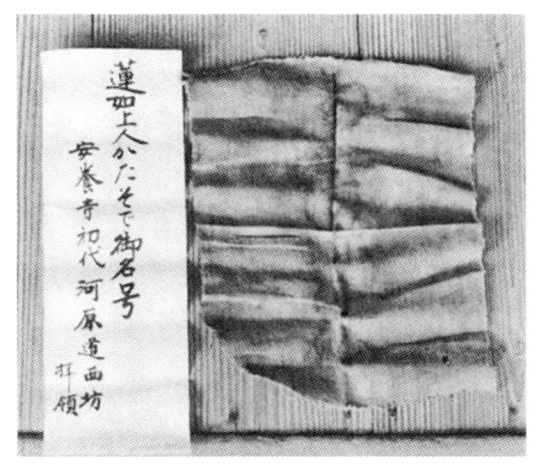

图1-2 莲如的片袖的名号

莲如赐予的吗?

"嗯,该怎么说呢?这的确是有些古老来历的东西。我们一直认为是真品,作为传寺之宝而珍藏着。我们原本也想请专家给鉴定一下,但又很害怕被人家说并非如此,于是就一直只是这样好好保存着……"

——那位僧人自称为河原道西坊,这可能也是因为他与当时被歧视部落的民众有密切的关系吧。

"嗯,可以这样认为。莲如曾经积极地向当时受歧视的底层贱民们传教。"

搬运工行会与码头卸货

第二天一大早,我就请部落里的故老们聚集在一起,听他们回忆往昔岁月。我首先询问了这个村传承下来的那些始于江户时代的每年定例的活动仪式、宗教礼节等。从民俗学的视角来看，故老们的讲述中有很多颇有意思的内容。

当然，并不是所有民俗都流传至今。战后经济高速发展时代的都市化浪潮也波及此地，很多珍贵的民俗遗产都在都市化浪潮当中消失殆尽，几乎找不到痕迹了。那些每年定例的活动仪式不久以前还曾经热闹地举行过，而如今也只留在故老们的记忆中。

在被歧视部落中，不仅谋生手段，就连通婚和居住区域也都被牢牢地限制在受歧视的围墙里，因而人们的活动多是被封闭在一个狭小的圈子里。同时，为了扛过各种各样的苦难而生存下去，村民们必须互相帮助和团结。因此，作为生存的智慧，村子里保留下来很多自古传承下来的民俗习惯与共同体式的组织。

虽然位于沿海地区，但是这个村子既没有耕地，也没有捕鱼的权利。自江户时代开始，这里就建立了搬运工行会，人们以码头卸货为主要谋生手段。遥远的海面上涌动着黑潮，当年守望船舶抵港的小屋还如往昔一般残留在海滨。

自古以来，搬运工行会的会长都是由大家以直接选举的方式选出的。如果不选出有能力和有统率力的人当会长，那么大家就接不到活，行会组织也很难维持下去。在行会中，一个可以顶几个劳力的大力士和只能搬运很少货物的残疾人薪水完全相同。这里的人们被监禁在河口狭窄的土地上，每逢水灾就有很多人被夺去性命，因此共同体的人际羁绊也十分坚实。但是现在这份羁绊也逐渐开始崩溃了。

3. 位于沿海地区却没有捕鱼权的部落 | 025

图 1-3　日高川河口残留的守望小屋

　　故老们热情地向我讲述了从明治到大正时代村里艰辛的生活以及水平社时代西光万吉、阪本清一郎、米田富、栗须七郎等运动领袖们来当地游说等事情。当最后的杂谈也接近尾声时,我就这个村子传承下来的艺能提了一些问题。从民俗史的观点出发,我对在当今的被歧视部落中有哪些文化和艺能依然被传承这一问题有着浓厚的兴趣,因此无论走访哪个部落,我都会询问这些有关艺能传承的问题。

不再来的新春挨门奏乐卖艺的人

　　——这个村子里有没有传承什么特别的艺能?

"嗯，我们这儿有人因为表演浪花曲①和剧团里的角色而出名，但是除了盂兰盆舞②这样哪里都有的艺能之外，也没有什么特别显眼的艺能。"

——有人挨门奏乐卖艺或者做街头艺人吗？

"正月里出去挨门奏乐卖艺的人啊，嗯，该怎么说呢？好像是没有的。提到挨门奏乐卖艺，应该是指表演三吉（春驹）和大黑舞的。"

——有挨门奏乐卖艺的人来这个村子吗？

"嗯，战前经常来。每逢年节呀正月之类的，都有各种各样卖艺的人来这里。那个叫什么来着？是叫'财神爷舞'吧，就是那种一个人转动人偶的艺人也常常会来这里。"

"在地方巡回演出的歌舞伎剧团、木偶剧团也常常来这里。他们在这附近搭小屋驻扎下来。村民们都很期待他们来，大家全都开心地出来看演出呢。这一带以前就很盛行表演义太夫节。③ 好像是从淡路地区传过来的……"

——从什么时候开始这些卖艺的人不再来这里了呢？

"嗯，应该是十四五年前的事吧。往常总是同一拨上了年纪的卖艺的人来这里，但不知道怎么搞的，自

---

① 浪花曲是日本一种三弦伴奏的民间说唱歌曲。
② 盂兰盆舞是盂兰盆会前后，男女老少许多人聚集在一起，和着小调、歌谣跳的舞蹈。
③ 义太夫节是江户时代前期大阪的竹本义太夫创始的净琉璃的一种。

那之后就突然不再来了。"

"卖艺的人不来了,正月也就变得不再热闹了。当我们还是小孩子的时候,卖艺的人一来,大家就都很开心地成群地跟在他们后面走。"

——他们是从哪里来的呢?

"嗯,越过熊野古道的山岭向北,再过两三个山头吧。有很多人是从那附近的村子里来的。"

——您说越过山岭,是指哪一带呀?

"听说他们是从汤浅来的。汤浅部落的人应该还做卖艺的营生吧。"

图1-4　大正时代的春驹(《历代风俗写真大观》)

听闻有人从汤浅的部落来到这里挨门奏乐卖艺时，我情不自禁地和一位名叫白井正昭的青年对视了一下。他就是御坊附近的汤浅出生的人。因为他是和我关系要好的朋友，所以我请他与我共同进行这次调查。来御坊的途中，我还按惯例向他询问了汤浅的部落是否有什么传统艺能。他回答我说："嗯，我没听故老们讲起过，我觉得我们村子没有什么艺能。"

年轻人白井正昭听闻自己的村子里有人来这里挨门奏乐卖艺，露出了惊讶的表情。我向惊讶的表情还没消失的白井提出请求，让他回去后立刻向村子里的故老们询问一下今天听到的事情。两天之后，我接到了他的电话。

"啊，有的，有的。我回来问了村里的故老，听说村里的人也会到处去卖艺。我们村里很多人会在新春的时候出去表演春驹。如今，因为感觉出去挨门奏乐卖艺像是不太体面的事，所以故老们不太和我们这些年经人聊这些。"

白井正昭说村里会跳春驹舞的故老们还健在，也都同意聊一聊以前的事，因此请我一定过去一趟。于是我大概在半年之后，于初秋时分走访了汤浅的北荣部落。

4. 因熊野参拜而繁华热闹的宿站

中世时期熊野信仰的传播

纪伊国在古代被称为"木国"。这是因为这一带地处大山深处，山间多雨，气候温暖，森林繁茂，盛产好木料。8世纪初叶和铜年间（708～715），正值编撰《风土记》，人们决定使用两个吉利的字来为国和乡命名。于是，自那以后这里被写作为"纪伊国"。

以本州最南端的潮岬为起点，山峦向东西方向呈扇形延展。自古代开始，在纪伊国人们就将地处大山深处的这一带称为"熊野"。据《纪伊续风土记》记载，"熊"通"隈"字，①"隈"有深邃之处、深入其内之意，表现了山川秀丽、奇崛幽深、山中树木繁茂的样子。这里受太平洋黑潮洗礼的漫长的海岸线也十分有名。自古以来熊野就被看作与大海彼岸长生不老之国相连的门户。从"熊"这个词的词源来看，有一种说法认为这个词是将熊看作神兽的

---

① 在日语中，熊字的发音与"隈"字的发音相同。

韩语系词，因此将"熊"解析为具有"神"之意。①

和歌山县汤浅町位于熊野的入口处。古代开辟的熊野古道经汤浅、田边等地，一直延伸至新宫。从田边开始，是内陆地区比较险峻的山路。越过山脉，经由本宫到达新宫的街道被称为"中边路"，以此延伸至海岸线的道路被称为"大边路"。

国铁纪势干线顺着沿海的大边路延展。从大阪的天王寺出发，经过和歌山，一个小时左右就会到达以盛产有田蜜柑而闻名的有田川。一直沿海岸前行的线路从有田川附近开始一度远离大海，在大山之间穿行一段，而后再次出现在海岸线附近。这里，就是中世以来一直作为宿站而繁华热闹的汤浅。熊野古道也在有田川附近一度远离海岸线，越过一座小山后进入汤浅。这座小山即是《万叶集》中出现的丝鹿山。

中世时，这一带都是深山中很难行走的道路。中御门右大臣藤原宗忠在去熊野参拜的途中，于天仁二年（1109）十一月中旬，来到这座小山。他在《中右记》中留下了关于当时情况的详细记录。根据他的记录，鹿濑山岭一带的道路都是鹿和猴子出没的险峻难行的路。他们疲倦不堪，好不容易翻过山岭，来到日高川，恰在此时暴风雨来袭，发起了洪水。藤原宗忠在日记中写道："今日大风大雨，行

---

① 在朝鲜的神话传说中，熊变成的女人与天神结合所生的儿子建立了古朝鲜。某种意义上，朝鲜民族认为熊是自己的祖先，具有"神"之意。

路之间难行苦行","日高川水大出妨行路"。

这段路程如今坐特快列车只需70分钟。然而在中世，熊野古道上行路的人们从天王寺走到汤浅需要花费三天时间。建仁元年（1201），跟随后鸟羽院前往熊野参拜的藤原定家在《熊野御幸记》中留下了有关熊野之行的记录。据其所述，从京都到熊野本宫，他们在路上花费了11天。在第14天，终于到达了那智。而后，他们又经过汤浅前往田边，再从田边穿越险峻的中边路，好不容易才到达熊野三山。

平安朝（794～1185）之后，"汤浅"这一地名开始出现在文献中。汤浅位于和歌山与田边的中间点上，作为熊野古道上的宿站和海上交通要地而不断发展壮大。熊野信仰作为中世最为重要的山岳信仰而兴盛。熊野古道的发展与"熊野信仰"之间有着密不可分的联系。当然，正如永观二年（984）的《三宝绘词》中所记述的"春去秋来人迹罕至"，中世初期之前，好像很少有人造访这一深山之地。

熊野三山——本宫（熊野坐＝本宫大社）、新宫（熊野速玉大社）、那智（熊野那智大社），原本都是独立的神祠，在奈良时代（710～794）就已经具备了一定规模。不久，这三座神社因地处同一区域而统合形成一个宗教性的联盟。在这三座神社当中，被认为具有总神社地位的是那智大社。背靠千古密林，前瞻浩瀚的太平洋，充满幽玄之气的那智大社因130米高的日本第一大瀑布而闻名天下。

而且这个瀑布本身也逐渐被当作代表熊野三山的神灵而受到崇拜。

图1-5　那智的瀑布

熊野信仰始于因熊野雄伟壮观的大自然而萌芽的原始朴素的山岳信仰。进入平安朝，熊野信仰开始受到"本地垂迹说"的强烈影响，该说提出佛化身为日本的神而显现真身。很多将三山视为佛教修行道场的修行者进入山中。自那时开始，人们将这三座神社合称为"熊野三所权现"。① 同时，神、佛、道三教融合而形成修验道的圣地，在山野中修行的僧侣以大和金峰山至大峰山一线为中心，开辟了至熊野的山岳道场。

---

① 熊野三所权现中的"权现"意为"菩萨化身为（日本的）神"。

如此一来，自中世的院政时代开始，熊野信仰急速向日本全国扩展，各地都开始出现"熊野权现"分祠。中世末期，其数量达到 3000 余座。

作为宿站而繁华兴旺的纪中、汤浅

阅读当时的记录可知，从京都出发去熊野参拜的一行人坐船沿淀川顺流而下，进入摄津，在天满的八轩家登岸。这里作为往返熊野的基地，自古以来就是繁荣的河口城镇。而且这里还有窪津王子神社。因为渡边桥就在其左近，所以这座神社又被称为"渡边王子神社"，是"熊野九十九王子神社"中的第一座。

王子神社是分祀熊野神佛之灵的小神社。简单地说，王子神社是迎接熊野三社的神佛之灵并将其分祀的分社。这里本来是遥拜的场所，后来被当作住宿的地方而加以利用。参拜途中的人们都会在此落脚。最初这里只有藤代、盐屋、切目等 7 座神社。随着熊野参拜日益繁盛，逐渐增设了很多神社。在 13 世纪初叶的建仁时代，这里的王子神社已经增加到了 61 座。

自那以后神社的数量还在不断增加，据统计，这条古道上存在着 100 多座王子神社。之所以称为"九十九"，是因为该数字有数量相当多的意思，并非正好只有 99 座王子神社。如果将这些王子神社一座座参拜下去，那么自然而然地就会参拜到有着"日本第一大灵验熊野菩萨化身的神佛之灵"的神社前。

去熊野参拜，

纪伊路和伊势路哪条路近？哪条路远？

若是广阔慈悲的路，

那么无论纪伊路还是伊势路都不远。

想去熊野参拜，

徒步去参拜，则路途遥远，须翻高山越峻岭，

骑马去参拜，则无法成为苦行，

王子神社的神灵啊，

请赐予我羽衣，让我可以从空中飞去参拜吧。

上述两首歌谣都是《梁尘秘抄》所载的12世纪流行的歌谣。以前人们去熊野参拜，可以走纪伊路和伊势路。从东国来的参拜者一般走伊势路，而从京都、西国来的参拜者主要走纪伊路。在中世，纪伊路一直是主要干道。

这部歌集是由后白河院主编的当时流行的"今样歌集"。所谓"今样"，是指平安中期开始风靡一时的新样式的流行歌。受日译偈文和催马乐的影响，采用七五调四句的形式。当时的白拍子①、艺妓、私娼将其推广传播。她们在各国之间流浪，一边唱着这样的歌谣，一边卖艺度日。

这些歌谣也为宫廷显贵所喜爱，而其原本是老百姓喜好的流行歌谣。在这些歌谣背后，我们可以感受到无名民

---

① 白拍子是平安末期宴会上用的一种歌舞，也代指表演这些歌舞的人。表演者多为妓女。

图1-6 白拍子（《七十一番歌合》）

众的悲欢。这可能是这些身陷苦海的女子苦恼的泪水流淌在这些歌谣深处的缘故吧。

京都到熊野之间，沿着古道建有王子神社。如上所述，熊野九十九王子神社非常有名。以延喜七年（907）的宇多法皇熊野巡幸为开端，上皇和显贵们的大队人马来这里参拜过好多次。艰险而又路途遥远的熊野古道上，既有富贵之人，也有贫贱之人，前来参拜的人们熙熙攘攘，甚至被形容成"如蚁般的熊野参拜"。编著了《梁尘秘抄》的后白河天皇竟然参拜了33次。

上皇的巡幸陪同人员有数百人之多，耗资巨大。有记录记载，元永元年（1118）白河上皇巡幸时总人数为814人，驿马190匹。因为是从沿途的民众中强制性地征用必要的经费和劳动力，所以每当有显贵通行，百姓苦不堪言。显贵参拜时，从京都到熊野往返的天数平均是二十四五天。一般民众则要花费更多时日，住宿和粮食也无法像显贵们一样事先都准备周全。承久之乱后，上皇们去熊野参拜的次数逐渐减少。龟山上皇弘安四年（1281）的巡幸是最后一次上皇熊野参拜。

图1-7 傀儡师（《历代风俗写真大观》）

汤浅城的东端有一个略微隆起的汤浅城遗址。这里是中世控制这一带的汤浅一族的大本营。作者不详的军事物语《平治物语》中有记载，平清盛赴熊野参拜途经此地时，听闻暴发了平治之乱而急忙赶回京都，其时得到了汤浅宗重的帮助。中世时代的汤浅党是近畿地区屈指可数的豪族。平家失势，源氏掌权，政权更迭直至南北朝时代，汤浅党都留下了自己的印迹。

汤浅城有人口 1.7 万，是一个静寂的乡间小城，如今作为接待钓鱼爱好者的小小渔港而为世人所知。中世熊野繁盛的时候，因近旁就是盐屋王子神社和富安王子神社，这里很是兴旺热闹。而如今来这里的人大多只是开车路过，很少在这里落脚。即便如此，立于城中心一角的、标注着熊野古道路线的古旧路标还是会令人忆起往昔旅馆密布时的繁华景象。沿着狭窄的街道，一户户有着低矮屋檐的老店铺保持着往昔的样子。

遥远的海面上，黑潮不断地涌动着。在汤浅一带，海水深深侵入陆地，形成一道美丽的海湾。在这个海湾，从纪中的群山中汇集河水的广川与山田川从左右两边流入大海。汤浅是在这两条河流的河口处狭窄的海湾上形成的城市。

汤浅位于熊野古道沿线，作为熊野参拜路线中的旅宿之地而发展起来。近世之后，作为农作物和水产品的集散地和交通要地的汤浅发展成为纪州地区屈指可数的城市。

5. 近世以来的谋生手段和生活

庆长检地帐中所记载的皮田村

《纪伊续风土记》是纪州藩的学者于天保十年（1839）完成的。据其记载，17世纪初叶"至元和宽永年间，达百户人家，形成商贾市街道，起名为汤浅庄町"。也就是说这里是商业城市，作为旅宿之地发展起来。此后，于宽永十三年（1636）在广川河口"叠石填海、筑出新地"，扩大了市区的范围。中世时这一带是"白砂松原"的荒凉海滨，逐渐地"海潮退缩，开垦砂浜，地形大变迁"。

《纪伊续风土记》中的在田郡汤浅村条目中记载着"田地产粮一千五百六十八石五斗二升四合，人家数一千二百五十五间，人数五千五百四十六人"。这就是汤浅城150年前的状态。其后还记载着"将村分成四组，为东西南北四组，村北有皮田"。汤浅村条目的末尾有如下内容。

> 皮田位于村北矶肋。有寺庙名为最胜寺。为净土真宗西派摄州富田本照寺之末，明应六年（1497）建寺。有五十间房屋，人数二百二十五人。

此处所记载的"矶肋"就是我此次走访的北荣部落的旧名。这个地区首次出现于史料是在庆长六年（1601）的检地帐当中。该检地帐被收录于延享二年（1745）抄写的《纪南一夜森》中，现存于汤浅町立图书馆。在该检地帐中，作为汤浅村的"皮田"，登记有若太夫以下6人的土地，合计一町二段①二十五步，宅地数量为二。

图1-8　二战后不久的北荣地区

汤浅町共有5个被歧视部落，据推断都是从矶肋分建新村而形成的部落。1983年6月的调查显示，这5个地区的家庭总数为553家，人口为1773人。无论是家庭数量还是人口数量都刚好占汤浅町整体的10%。

在这5个地区中规模最大的还是北荣部落。家庭数量为284家，人口为816人。北荣位于山田川入海的河口附近。

---

① 段是日本土地的面积单位。1段大约为991.7平方米。

广川和山田川都流经汤浅地区。宽广的广川河口周边自古以来就形成市区，而狭小的山田川河口周边一直被当作荒芜之地废弃着。战国时代末期，才出现来这里开拓并定居下来的人，这些人就是庆长检地帐中出现的皮田、若太夫。

我与来车站迎接我的年轻人白井握了握手。我们两个人好久未见。他说："我先带您在这一带转转。"我们就在北荣部落中走马观花地转了转。这里比我想的要宽广，慢慢走的话要花费近一个小时。

我首先登上了位于北荣部落后面被称为秃山的很贫瘠的丘陵。从这里虽然无法看清楚整个地区，但可以看清大半。从略微隆起的地方往下看，可以很清楚地发现北荣部落位于山与河之间的非常狭小的区域内，而且是自海岸绵延过来的低海拔地带。这一带是山田川河口的河滩地区。因为就在海岸边上，所以被称为"矶肋"吧。

图1-9 20世纪80年代的北荣地区

——这一带应该是河口处形成的三角洲地带吧?

"是啊。哎,你看。这样稍微握一下沙子,就明白这里是河口特有的低海拔的沙地。现在一挖地面,还能挖出好几个贝壳呢。部落内仅剩下的那一点水田和旱田,和那些因为改造工程而加高加固的道路相比,还要低得多呢。"

——这么说起来,这里因为是低湿地带,所以总是受海水侵袭……

"嗯,是这样的。不知道什么时候就会遇到海水侵袭、山田川发洪水、秃山山崩等问题。人们总是一边遭受着这样的自然灾害一边生活着。"

——说起来矶肋这个地名最初也是受到歧视的村名吧?

"这个地名本身就是表示恶劣居住条件的歧视性称呼。单是用矶肋这个词,就足以令人感觉受到歧视了……"

略微隆起的秃山山崖下有海北山最胜寺。《纪伊续风土记》中记载说汤浅地区共有6座寺庙隶属于净土真宗本愿寺派,即神藏寺、仙光寺、真乐寺、本胜寺、宝林寺以及最胜寺。关于其他5座寺庙,对寺庙正殿和禅房的大小及其建寺的缘由等都叙述得非常详尽。但是,对作为"皮田"寺庙而一直饱受歧视的最胜寺,却仅仅记载了其建立于明应六年(1497)。从地志上来看,也明显可以看出最胜寺受到了歧视。

被歧视部落的寺院

今天，西日本地区被歧视部落寺院中的大部分都属于净土真宗的本愿寺派或大谷派。

法然（1133～1212）及其弟子亲鸾（1173～1262）提倡"一切众生平等往生"，直率地批判了自奈良时代以来的贵族佛教教义。民众生活在社会底层，每天苦于生计，在各种各样压迫下呻吟。他们皈依法然和亲鸾所倡导的净土教是时代发展的必然。以亲鸾为创始人的本愿寺派的分寺院中有1600多个，大谷派的分寺院中有500多个，据说都是部落寺院。两派合计拥有2万多个分寺院，其中的10%是"秽寺"，在净土真宗内部也属于受歧视的部落寺院。

根据江户幕府的佛教统一政策，近世之后有些地方被强制性地从其他宗派转入本愿寺派。然而在纪州地区，则是净土真宗中兴之祖第八代莲如进行了强有力的传教活动，其势力尤其渗透到了底层的民众当中。

纪北和纪中的部落寺院中，有很多寺院还珍藏着莲如的遗物，如"六字名号"等，显示出这里与始于中世末期的净土真宗有着密切的联系。有不少寺院的创立由来中出现了莲如和实如的名字。

进而，我们也不应该忘记这里与最后一次"一向宗起义"的关系。最后一次"一向宗起义"是以天正年间纪北的"杂贺党"为中心而进行的。杂贺党拥有强大的铁炮队与水军，是净土真宗狂热的信徒，充满了想要改革社会的欲望。他们面对织田和丰臣政权，勇敢地战斗到最后，遭受到近似毁灭性的打击。但是，亲鸾曾试图从根本上革新为天皇和贵族而镇守国家的佛教，其所倡导的佛法之灯并没有消亡。

纪中海岸沿线的水运自古以来就十分发达。很多民众以依靠船只进行水上交通和物资输送为主要谋生手段，即所谓的以"渡"为生。无论从地理上来看，还是从谋生手段上来看，这里的民众与杂贺党的关系都十分密切。

如上所述，日高郡部落寺院中具有总寺院资格的安养寺里，还残存着据传是第一代河原道西坊从莲如上人处拜领的"片袖的名号"。离汤浅很近的由良部落寺院莲乘寺也是一座具有悠久历史的寺院。永正四年（1507）莲乘寺作为修行道场而开设，这里也保留着与莲如有直接关联的史料。另外，在广川对岸广川町的部落中，收藏着据传是石山合战战功奖状的古老文书。当然，无法肯定这一切都是真实的。为了明确自中世末期开始的部落的起源，我们有必要进一步查明并挖掘出这一地区净土真宗传教的实际状况。

具有悠久历史的最胜寺

当天夜晚，我走访了位于秃山崖下的最胜寺。这是一个方圆大约百坪①的小型寺院，可能起源于中世末期的修行道场，让人感到一种历史悠久的氛围。其周边的低洼地带

---

① 1坪≈3.3平方米。

早已经在地区改良事业中彻底改变。令人感觉只有这座寺院被孤零零地遗漏了。这座寺院的周边以前是矶肋部落的中心地区。

在秃山上刮来的风吹过的小小的正殿中，我见到了这座寺院的第十四代住持北山道雄和尚。以前曾经担任过教职的住持是一位相当博学的人，他一直热心于部落解放运动。他将自己家中珍藏的古文书全都拿来了。我一边翻阅他带来的古文书，一边听他讲述很多以前的事情。

——听说最胜寺是明应六年（1497）六月由若太夫所建……

"嗯，创建寺院时，这里是净土真宗的一个小型修行道场。当时这一带可能是离熊野古道稍远的荒芜之地，也没有什么人家。这后面就是如此陡峭的山崖……"

——这个修行道场的寺号正式被认定是在宽永年间吗？

"是的。从西本愿寺获得寺号和木佛本尊，加入分寺院是在宽永十八年（1614）八月。那是第四代了念大师时的事。在有关木佛本尊的文案中有明确记载。"

——关于明应六年开设修行道场，有没有什么史料保留下来？

"宽保三年（1743）第八代了观大师写的《木佛寺号代代寺务御里移控帐》（『木仏寺号代々寺務御裏移控帳』）中记录了有关明应六年创建时的事。本愿寺的分寺院在其寺号得到认可之前的一、两百年间，多为修行道场。虽然不算是正规的寺院，但是却起着寺院的作用。"

——无论是亲鸾还是莲如都教导说，即使没有建立宏伟的寺院也无所谓，只要建一个小型的修行道场就可以。没有佛像也可以。只要把六字名号挂出来即可。

"嗯，提到明应年间的事，应该是在莲如刚刚去世后，本愿寺的势力范围扩大到了这一带。因此，也不能说这些内容都是编造的。这一带一直流传着莲如曾经来过这个地方的说法。"

弹左卫门的来历

最胜寺收藏着数份讲述北荣部落历史的珍贵古文书。一个部落竟然有如此完整的史料，这也是很罕见的。这些古文书中，有《名寄帐》《过去帐》《人别帐》等各种证明文书，还有幕府末期使用的手写的教科书类内容。《江户秽多长吏弹左卫门、同支配头助左卫门下文》中记录了各地历史悠久的部落收藏的弹左卫门来历。《名寄帐》按持有者记载了田地房屋所属情况，是当时作为年贡赋税标准的土地登记册。因为元禄十年（1697）、文化十二年（1815）、嘉永二年（1849）共三册《名寄帐》得以保存下来，所以我们可以据其了解幕府末期这个部落的土地所有情况和房屋数量等的历史变迁情况。

图 1-10 弹左卫门的来历和最胜寺的北山道雄

记录去世施主法名、俗名以及死亡年月日的《过去帐》也留存下来几部。特别是第 11 代大师记录的天保年间的《过去帐》,其空白处有详细的关于当时的手写记录。天保八年(1830~1844)悲惨的饥荒使这个部落死了许多人。这是一部宝贵的记录,从中可以清楚地看到这一过程。

人们结婚和收养子女时提交的"村送"和"寺送"文书也留存下来几份。当时的户籍簿《人别帐》并没有完整地留存下来,因此我们无法准确了解这个地区的人口变迁,这一点很令人遗憾。

——虽说如此,这些古文书可也是保存了将近 300

年呀。

"这是因为有几位住持深刻意识到这些记录非常珍贵。若不是这样,怕是早就散佚了吧。"

——原本应该有更多的吧。

"嗯,战前还有很多。当时还有莲如的六字名号,被虫蛀得破烂不堪……要是早一点意识到要好好保存的话,怎么也能留下一些,可是却没能留存下来,真是令人遗憾呀。这已经无法挽回了。"

关于被称为"皮田"的集团,众所周知,"皮田"("革田""革多"等)这一名称出现于16世纪末期天正和文禄年间实施的太阁检地中。纪州藩也保留着庆长六年(1601)的检地帐。有田郡也登记有"皮田"房舍情况,如"庄村五、汤浅村二"。

此前一年,即庆长五年(1600),浅野幸长因攻打岐阜之功而获赐和歌山37.6万石,进驻纪州。其父浅野长政是丰臣秀吉的夫人杉原氏的亲属,作为丰臣五奉行中的一员而受到重用。同时,作为丰臣秀吉的亲信在检地等方面大显身手。他因为有如上经历,所以进驻纪州之后便尽快推行检地。其做法完全沿袭了太阁检地。

浅野幸长在纪州推行检地。两年后即庆长八年(1603),德川家康(1542~1616)被委任为"征夷大将军",开创了江户幕府时代。由此日本进入近世。其实,早在十几年前,从实施太阁检地这一阶段开始,各地的检地帐中已经先行出现"皮田"这种称谓了。

从故老们那里听闻的《北荣之昔》

经过和歌山大学渡边广等人的努力，纪州从中世末期开始到近世初期的、与被称为"贱民"的被歧视部落民众相关的史料已经解读得相当清晰。除检地帐等基本史料以外，有几个被歧视部落还保留着古文书，显示出其与位于大阪的石山本愿寺有关联，这一点也很引人注目。在中世至近世的大转换时期作为反权力民众斗争的一向党暴动，在很多地方都留下了浓重的痕迹。

根据高野山寺天正十九年（1591）的检地帐和庆长年间的检地帐，可以确认存在大约20个"皮田"部落。而且这些皮田部落中的大部分在近世以后，都被当作"秽多"村，即今天我们所说的被歧视部落。渡边氏所著《未解放部落的史学研究》（『未解放部落の史的研究』吉川经弘文館、1963）中已经及时地介绍了最胜寺史料中的一部分。

1978年，名为《北荣之昔》的300页的书籍得以出版。1973年，在部落解放同盟北荣支部的号召下，以留存下来的史料及对故老们的访谈为基础，开始具体落实将北荣的历史整理成书的事。而后，成立了由广冈照秋、千福五十治、山崎传七、白井义藤、片山厚治、北山道雄、井角武雄、川崎义照8人组成的调查委员会。此后经过5年的岁月，在召开了多达51次的委员会会议后，终于完成了书稿。拜访最胜寺后的第二天晚上，我请来部落的故老们，以及那些为编辑工作而付出努力的人们，听他们回忆种种艰辛。

——这本书是大家亲手编辑出来的,对吧?

"嗯,解读最胜寺的古文献、收集参考文献、编制年表等,这些基本的工作花费了大量的时间和精力。还有就是对故老们进行访谈,请他们讲述以前的事,收集老照片,拍摄编草屐等自古流传下来的民俗——无论哪一项都是很辛苦的工作。"

——最辛苦的事是……?

"特别是关于古文献,我们原本都没有这方面的底子,所以就买回古文献辞典抱着参考,每读一行都要花费相当长的时间。真是到处去求教啊。我们以很缓慢的速度进行着,花费了5年时间……"

——你们甚至连委员会的出席人员及时间都精心记录下来了。

"嗯,如果不好好记录下来的话,这件事可能会半途而废了。所以我们就保留记录,大家一起努力。"

——做这件事要花费相当多的时间和精力呀。如果没有本地民众的配合,你们也是无法进行的吧。

"的确如此啊。大家都很爽快地配合我们的工作。我们对故老们进行访谈,并将访谈内容录到书中。算起来,从那时到现在,已经过了10年了。那时为我们讲述以往生活经历的故老们大都已经离开人世了。如今我常常很遗憾,如果当时再多听他们讲述一些内容就好了。"

"我们想再拍一遍编草屐的场景,可是已经无法再现了。"

"我们把以前村子里的风景也都拍照保留下来了。现在这样看一看，就好像是在细数死去的孩子的年龄一样，真是令人怀念啊……"

作为资料，"从故老处听闻的北荣之昔记录"得以刊载。出生于明治19年（1886）、时已88岁的中井添以及竹本清江等8人参与了此项工作。这些故老们追忆了自己年轻的时候从爷爷那里听闻的故事。从幕末到维新期间的部落生活，虽然有些模糊，却也都梳理出来了。因为没有清晰的统计和生活资料留存下来，所以故老们的证言就具有重大意义。

6. 部落的始祖"若太夫"

北荣部落的始祖

在思考北荣部落的起源及其历史之际，无论如何都需要关注的问题是开创最胜寺的"若太夫"的存在。大家就此提出了如下问题。

"到底是怎么回事呢。我们可以确信是在明应六年（1497）开基的吗？在编写北荣的历史时，曾经提及寺院有关来历的典籍是后人编撰的，令人怀疑是否史实……"

"而且若太夫这一名字怎么看都像是从事艺能的人……"

"庆长时期，若太夫以下6人拥有土地一町二段有余。那时没有记录小孩子的人数，所以大概应该是一共住着二三十人。算是一个有点规模的村落。我觉得要想把这一带河滩上的荒地都开垦出来，形成一町多的田地，真是件很辛苦的事。他们应该是花费了很多年头吧。因此可以认为人们早在庆长时期之前就在这里定居了……"

各位编辑委员都非常关注这一重大问题。他们询问了我的想法。在讲自己的想法之前，我想先请大家看一下《海北山最胜寺开基由来缘起》（『海北山最勝寺開基由緒緣起』，以下简称《最胜寺缘起》）一书的原文。因为全文相当长，所以在此我仅介绍其前半部分。

> 话说当年开基之由来。明应元年（1492），摄州岛上郡富田庄本照寺有一徒弟名为若太夫。不知出于何种心愿，而于同年三月动身赴熊野三社参拜神佛。途经本地，旅居于此，历时六载。因其原有强烈意愿皈依佛门，老实本分，故获当地地头领主赏赐秃山土地四五段有余，被指定为当地差人，获赐四寸粗八尺长橡树棒。明应六年（1497）六月十日，因故获赐京都本愿寺第八代莲如上人亲笔书写的六字尊号。自彼时起，朝夕妥善保管尊号。享禄四年（1531）三月二十六日，以七十五岁之高龄去世。其后，该人亲生之子若九以半俗半僧之身份，精心守护尊号……

首先，让我们来探讨一下明应六年（1497）开基这一说法的可信性。当时莲如正值晚年时期，本愿寺大肆在和泉至纪州一带布教，扩大传教范围，不断向底层民众推广。在纪州古老的部落寺院中，还有几座寺院里留存着有关寺院来历的文书。文书表明这些寺院是在15世纪末的莲如至实如时代获得"六字名号"，并被作为道场开基的。

沿街流浪游走的卖艺人

从汤浅向南，越过一座山岭，就到了由良城。莲专寺位于那里的被歧视部落，该寺创建于文明十七年（1485），传承莲如的"六字名号"，留存着"一向一揆"时代的古老文书。据住持北山大师所言，自江户时代，这座寺院的住持和最胜寺的住持之间开始经常往来，寺院里保留着相关的文书。

除最胜寺之外，汤浅还有 5 座本愿寺派寺院。其中，仙光寺于明应八年（1499），真乐寺于永正三年（1506）作为道场开基。如此看来，我们无法否定此地代代相传的说法是后世虚构的，即认为最胜寺是在明应年间作为道场开基的。

据《木佛寺号代代寺务御里移控帐》记载，从就任住持之职的年头来看，若太夫为 34 年，第二代若丸为 46 年，第三代了元为 61 年，第四代了念为 58 年，第五代了玄为 22 年。因为最初住持的任职期限非常长，所以有人推测说这也可能是后世伪造的。但是，法然和亲鸾的情况也是如此，中世也有不少年龄超过七八十岁的僧人。如果是年纪轻轻就继承了僧职，那么未必不能任职 60 年。

现存于世的《最胜寺缘起》成书于明治初期。其中的几项事情也是基于上述宽文年间留存下来的记录。记载着若太夫开基的《纪伊续风土记》成书于天保年间。该书清晰地记录了若太夫于享禄四年（1531）三月二十六日去世这一日期。看到这些，我们可以认为当年曾经留存过一些记录，但后世可能将其遗失了。人们应该不会是只凭空想就捏造出连日期都记录完好的由来缘起书吧。

翻阅各地的古老部落史料，我们经常可以看到"若太夫"这个名字。"若太夫"这个名字有怎样的来历呢？按中国的律令，"大夫"是指官居五品的人。而在日本，进入中世以后"大夫"一词变成了"太夫"，成为对从事艺能的人的泛称。

"御师"是伊势及熊野的低级神职人员，负责引导前来参拜的人并进行祈祷。他们也被称为"太夫"。另外，隶属于神社和寺院，从事艺能的人被称为"神事舞太夫"。他们在各地流浪，表演操纵木偶的傀儡戏，傀儡戏算是门前戏、街头卖艺。这些表演傀儡戏的人将道祖神百太夫当作自己的守护神。百太夫神社至今依然存在，是附属于摄津西宫神社的小神社。百太夫被认为是可以防范旅途中的恶灵、守护旅行者的守路神，被中世表演傀儡戏的人当作守护神。

继承这一传统的人形净琉璃道白如今依然以"太夫"为名。花街柳巷中有地位的艺妓也被称为"太夫"。她们的祖先作为上古的巫女①参与祭神仪式，她们沿袭传统，也将艺能界有地位的人冠以"太夫"之名。

"若太夫"意味着什么

从贱民阶层的艺能发展而来的歌舞伎也将"若众"②和"女形"③称为"太夫"。"出云阿国"原本是出云大社

---

① 巫女是指在神社中从事奏乐、祈祷、请神等活动的未婚年轻女子。
② 若众是指歌舞伎中专门扮演少年的演员。
③ 女形是指歌舞伎中的旦角，由年轻貌美的男子扮演女性角色。

的女巫，她胸前佩挂着钲鼓跳神乐舞。始于"出云阿国"的歌舞伎具有宗教礼仪式的传统，"若众"和"女形"的称谓正是缘自这种传统。

"若"含有如草木嫩芽一般旺盛生长、充满朝气之意。另外，为了向年纪不大的长子表示敬意，也会以"若"来相称。在歌舞伎中，"太夫元"是指统率所有演员的剧团负责人，采用世袭制，拥有演出权。于是，人们将剧团老板的长子称为"若太夫"。

中世末期有很多艺妓、漂泊流浪的艺人、地位卑贱的"散所"①、投宿于宿驿并沿街游走的流浪艺人。很早以前人们就习惯用"太夫"来称呼统率这些人的人。近世之后，人们将街头卖艺的人和表演杂技的人，甚至将猴戏表演中的猴子都称为"太夫"。

如此看来，第一代若太夫可能是熊野古道沿线的艺人。虽然达官贵人们不再来此地参拜了，可熊野还是因为有武士和百姓来参拜而繁华热闹。当然，被称为"蚁行熊野参拜"的盛况已然不在，但即便如此，熊野依然是相当繁华热闹的地方，因此有各种各样的卖艺者游走于其间。

——在来这里之前，我先阅读史料，思考了种种问题。想来想去，我感觉若太夫还是沿街流浪游走的

---

① 散所是日本中世时期，贵族、神社、寺庙等的领地的一种。居住在散所的人被免除年贡，但需要服手工、交通、狩猎等劳役。后来散所也用来称呼住在那里的人。中世之后，散所产生了很多以杂艺为职业的人。

卖艺人。

"举个例子说说吧,你认为他是表演什么艺能的呢?"

——嗯,关于这一点,我还没有搞清楚……中世时期的街头卖艺和门前戏中,有口念佛经而手敲葫芦跳舞(的僧人),也有打钲鼓的人,还有通俗地讲解经典教义、讲解图画的人以及在民众中传播净土教信仰的人……

"这里记载着他是富田本照寺的弟子。提到本照寺,也和贱民阶层有关系吗?"

——这座寺院好像和贱民阶层有很密切的关系。从江户时代开始,这座寺院成了部落寺院中的总寺院。据记载,他是作为其弟子而皈依净土真宗的。可能他是在沿街游走的过程中成为本愿寺派门徒的吧……

"当时那些从事艺能的人还是和宗教有密切的关系吧?……"

——这是因为艺能原本就始于宗教祭祀活动。当时从事艺能表演的人虽然大体上可以分为"散所系""河原者"① 和"宿系"②,但无论哪一种都是一副僧人打扮,被称为"法师"或"法师原"……

"他们果然还是被视为卑贱的人啊。"

---

① 河原者是指日本社会最底层的贱民,多从事屠杀动物、清污等一般人看不起的工作。也常常指河原者出身的民间艺人。
② 宿系是指上文提到的投宿于宿驿并沿街游走的流浪艺人。

6. 部落的始祖"若太夫"

——能乐是室町时代有代表性的艺能。即便是深受武士们欢迎的能乐大师,比如非常有名的世阿弥也曾被贵族们称为河原乞丐。

"这些人为什么要定居在这里呢?"

——我也不太清楚,可能若太夫是流浪游走于这一带的卖艺人的统领。熊野古道沿线渐渐冷清,人们只靠卖艺无法维持生计。于是,明应年间他们开始开垦山田川的河滩,定居在那里。此后,若太夫成为统管这一带的差人,并获得了"皮田"这一称谓。因为这里很荒凉,他若仅仅当个老百姓的话,无法维持生计,所以他也会为朝廷做些事……

图 1-11　打钲鼓的和手敲葫芦跳舞的（《人伦训蒙图汇》）

7. 虽然贫穷但人情味很浓的共同体

田地几乎都是"下等"和"下下等"

如上所述,自留存下来的史料中出现北荣部落,直到今天,已经过去了382年。进而根据寺院的开基缘由,我们可以得知北荣部落是一个具有491年悠久历史的部落。

根据留存下来的史料和民间传承的说法,我们可以大致了解这个地区的人口与土地权属、人们的谋生手段和生活变迁等情况。《庆长检地帐》(1601)中记载着若太夫、彦六、孙四郎、又六、若右卫门、九郎右卫门——这6个人的土地拥有情况。这个小型"皮田"部落整体上拥有一町二段大小的土地。

其中,若太夫的土地为六段有余,彦六的土地为三段七亩有余。这两个人拥有整个部落一大半的土地。登记房屋和地产的也只有这两个人。可能是整个家族的二三十人共同居住在一处。其他人或是借住在这两个人的土地上,或是居住在简直无法称为房屋的地方。无论如何,这里确实是形成了一个小小的"皮田"村落。

7. 虽然贫穷但人情味很浓的共同体

历史第二悠久的史料是元禄十年（1697）的《名寄帐》，其作为最胜寺古文书留存下来。据此文书记载，元禄时代的汤浅村整体被规划为6组。

这本《名寄帐》的封面上清晰地写着"秽多组"的字样。最开始用的名称是"皮田"，不清楚从什么时候开始被变更成了"秽多"。由此可知，在这一时期人们就已经开始使用"秽多"这一令人讨厌的歧视性称呼了。

自庆长年间开始，大约100年后，部落所拥有的土地面积发展为二町二段有余，增加了大约一町。拥有土地的人也从6人增加到了16人。进而在100多年后文化十二年（1815）的《名寄帐》中，土地面积增加到了三町三段有余。其中包括七段有余的出作地①。这意谓着其土地已经扩展到了该地区以外。但是，仔细思考一下，我们可以发现土地面积每100年才增加一町。人口不断增加，因此仅靠这些土地无法养活整个村落的人。也就是说，人们如果不找到当农民之外的其他活计，就无法维持生计。

将这个部落与纪之川流域等地的平原地区的"皮田"村落进行比较，我们可以发现，即使同样都是"皮田"村落，这个部落人均拥有的土地面积也极小。其中只有两户人家拥有的土地面积稍微大一点。其中一户是"肝煎"，即具有当地里正资格的负责人；另一户是以若太夫为祖先的最胜寺。这两户都是300年间这一地区有势力的地主。其

---

① 出作地是指日本近世时期农民在其居住的村落以外的地方耕种的田地。

他人家都只拥有极小面积的田地。人们仅凭这点田地是无法维持生计的，因此只好做佃农或者从事各种各样的杂事，想方设法地维持生计。

而且这些人耕作的是在秃山和河滩上开垦的田地，因此只能得到很少的收成。当时的检地是把土地划分成上、中、下及下下4个等级。查阅一下这个部落在元禄时代的名寄帐可知，这里上田等级的肥沃田地只有一处。这只不过相当于耕地总面积的5%而已。这里大部分田地都是下等和下下等级的贫瘠田地。

急剧增加的部落人口

话说人口经历了怎样的变迁呢？根据《最胜寺缘起》记载，宽永十八年（1641）这里有十几户人家，天明二年（1782）有30余户人家。进而根据《纪伊续风土记》记载，19世纪30年代天保年间，这里有50户人家，人口达到了225人。

此后又过了大约150年，时至今日这里的人口已经增加约3倍，超过了800人。除此以外，还有不少人迁移到由旧矶肋分建新村而形成的新地区，因此全部合计起来的话，已经远远超过了1000人。

今天，汤浅町存在着5个被歧视部落。人口也超过了1700人。在汤浅町，只有极少数人是从部落外迁入这些地区的。也就是说，这里的混住率是极低的。宫西等部落几乎都是由北荣分建新村而形成的。

7. 虽然贫穷但人情味很浓的共同体

根据《纪伊续风土记》记载，大致计算一下可知天保年间以"秽多"身份遭到歧视的人占汤浅村总人口的4.1%。但是，在今天汤浅町的5个部落的人口刚好占全町总人口的10%。

从这个数字来看，我们也可以清楚地明白，部落人口的增长率相对较高。当然，人口不仅是自然增长，还有一些新迁入人口，他们为了求职而从周边被歧视部落来到这里。

汤浅位于熊野古道沿线，作为农产品集散地、商业重镇和交通要地而繁荣至今。这里是一个城市型地区，与纯农村地区有相当大的差异。在农村地区，人们极少做农业之外的活计。但是，在城市型的宿场町，人们总可以想方设法地找到与商业和手工业相关的、转包出来的各种各样的杂活。因此，从江户时代开始，北荣部落的人口增长状况就呈现出一种非常近似于城市型部落的增长倾向。

因为这里土地面积小，所以人们仅靠农业无法维持生计。在这个部落中，人们是靠什么谋生手段来维持生计的呢？

关于这个部落的历史与生活，我们已经对明治年间出生的故老们进行了三次访谈（参照《北荣之昔》资料篇和小册子）。这一回又分两次进行了访谈，这使得我们进一步具体了解到当时的状况。根据"故老们的证言"，从明治时期到大正初期的村民生活得以再现。村子里的人们从事的是下述活计。

图1-12 《北荣之昔》

明治三十二年（1899）的时候，北荣的户数有124户。自耕农占整体的10%左右。其耕作的土地面积最多也不过就是三四反①。其余的都是拥有土地面积平均为三反左右的佃农，仅靠种田无法维持生计。一反有五六草袋②的收成，作为年贡需要上缴四草袋的收成。遇到歉收的年份，人们上缴了作为年贡的米之后，就剩不下多少粮食了。而为了贴补生活，仅存的这一点米也被卖掉换成钱了。当地人只好以复种作物小麦为主食。虽然地主收租收得很凶，可当地人因为怕不交租地主就会退佃，没办法只好任人宰割。复种作物不必上缴年贡，当地人只好靠其维持生计。

① 反是日本土地的面积单位。1反大约为992平方米。
② 草袋是日本的计量单位。1草袋大约为60公斤。

如果只耕田，那么连一家人吃的主食都挣不够，所以人们就做些其他的活计来谋生。能当佃农的人家还算是可以想方设法吃得上的，而那些租不到土地的人家可就更加悲惨了。当爹的和当妈的每天都必须拼命找到活计。虽然说除了耕田之外还有其他活可干，但是对于部落里的人来说也没有什么好活计，全都是一些艰辛的体力劳动，比如搬运工、土木工程小工、帮人耕田的零工、修木屐、收废品、贩马、放牛放马之类的。

男劳力要靠这些杂七杂八的活计想方设法维持家计，只在收割等必须男劳力的时候才下田劳作。因此，种地的活基本上都是以家庭主妇和老人为主来干的。女人们在种地之余还做一些编草屐、卖草屐、织布之类的活，也编绳子和粗席子。女孩子从五六岁开始就负责带小孩、做饭、洗衣之类的事。男孩子从上小学开始就帮家里做农活、挑水、拾柴火。因此，大部分孩子都不能上学，特别是女孩子的就学率非常低。

从部落整体来看，自耕农只占整体的大约10%。因为他们都是一些只有四五反土地的小农户，所以仅凭种田是很难维持生计的。更何况还有一些人家是佃户或者是连土地都租种不到的人家。这些人必须在每天窘迫的生活中想方设法找到支撑自己活下去的口粮。

最终没有组建水平社组织

以82岁的谷本藤女士和75岁的横贯多吉藏先生为首的10位老人出席了当晚的访谈。我花了很长时间，就战前村落里的生活状况提了各种各样的问题。最开始涉及的是水平社时代的事。

大正十一年（1922），日本全国各地都组建了水平社，可是很遗憾的是北荣地区并没有组建水平社。村里几个觉醒的年轻人试图努力组建相关组织。他们认为必须要与严酷的歧视进行斗争，然而只有极少的人实际参与了这一运动。其中，横贯先生是先驱之一。他从16岁起参加水平社进行斗争。谷本女士也从很早的时候心中就充满了对解放的热情，她是为数不多的、站在反歧视斗争最前沿的女性之一。

关于水平社的事，我在下文中再详述，在此仅叙述一下我从故老们那里听闻的往昔的生活状态。访谈用的时间总计超过10个小时，但很遗憾的是我无法将全部内容都一一详述，在此仅介绍其中极小的一部分。

——阿婆，您小时候村子里的生活是什么样的？

"我出生的时候，这个村子里的人都很贫穷，现在的年经人无论如何也无法理解那时生活的艰辛吧。我呢，从7岁开始就带小孩、编草屐，没法去上学。爹妈也早早地就出去上工，夜里还要干活，他们为了能让子女吃饱而拼命劳作。"

——即便如此，您也还是有很强的愿望想要去学校上学吧。

"是啊,我还是想认字,也想学会打算盘。可是,无论是哪家的女孩子,都不得不做带小孩之类的事,没法去学校念书啊。渐渐的,放弃上学的念头就越来越强烈。爹妈虽然也觉得对不住孩子,可是他们也没办法呀。虽说如此,大家也还在努力着,希望至少供男孩子去上学。"

——您父亲是做什么的?

"做土木工程的小工之类的,各种杂七杂八的活计都干。他总是去做那些哪怕能多挣一文钱的活计。我们常常被叫作'秽多',就算跟人家买东西,也没有人用手来接我们给的钱。真是没有比这更悲惨的事了。虽然遭到歧视,可是因为北荣这里没有店铺,所以我们只好忍耐着再去人家那里买东西。"

——到了该上学的年纪,女孩子们会做哪些事?

"那些最贫穷、连田地都租不到的人家的孩子连一条带子都没有,只好用稻草把头发束起来。这样的打扮肯定是很寒酸的,可是这也是没办法的事,因为没有钱啊。趁着有祭祀活动的时候,我们也会到北荣桥那边去捡拾漂流过来的东西。很多女孩子会去岸和田那一带的纺织厂劳作。也有的人家没活路了,女孩子哭着卖身离开村子。要是让别人知道了自己的出身就会遭到歧视,所以大家都不愿意提及自己出生的故乡。唉,真是太可悲了……"

即使在海边也无权捕捞鱼贝

——虽然说当时都很贫穷,可是这里临近海边,人们应该可以从海里捞点鱼呀贝呀之类的吃吧。

"那根本不可能。大家都过着赤贫的生活,早晚都只能喝粥。放七分未加工的麦子和三分碎米,一起熬成羊羹一样的东西来吃。很多时候,菜就只有腌制的咸菜。用大麦酱熬煮晒干的小沙丁鱼,蘸点醋吃。偶尔才能吃到的肉也全都是一些带筋的肉。里脊肉卖一百文目①八十钱的时候,带筋的肉只卖十钱。虽说这里就在海边,可是我们却没有去海上捕鱼的权力。即使是去海边垂钓,也会受到渔民们的驱赶。所以,一条沙丁鱼对我们来说也算是真正的美食啦。正月里吃的头尾俱全的鱼也都是沙丁鱼或者是秋刀鱼。"

——你们这里有人信佛吗?

"在我们这儿,人们常说听到报火警的小吊钟的钟声,就要向北跑。北荣这一带火灾多到这种程度啊。人们都希望至少自己死后可以去一个不受歧视的净土。在我们村,自古以来就有很多人深信佛教。无论多艰苦的时候,大家都会好好地供佛。虽然生活得很艰辛,可是大家都会努着劲把佛像塑得十分气派。因为大家是在用稻草苫盖屋顶的房子里敬香,所以常常引发火灾啊。"

---

① 文目是古代日本的货币单位之一。

——要是生病的话可是一件麻烦事呀。因为那时又没有现在的社会福利之类的。

"是啊。我们就算是生病了,也不能去看医生,只能等待自然好转,或者最多也就是抓一点便宜的中药。要是看到有医生坐着人力车到某家出诊,人们就会明白那户人家中有人不行了……我们这不到人快死了,是不会请医生的。也正因为只有到快不行了的时候才会请医生,所以很多人病死了。有点钱就可能会治好的人也都草草地死去了,其他人只能在旁边干看着。很小的孩子也因为家里没钱而得不到救治,真是太可怜了。现在回想起来真是觉得情何以堪啊。"

用漂白布制旗帜去声援水平社运动

与北荣相邻的吉备庄自水平社运动的初期开始就十分活跃。但是在北荣这边,尽管歧视问题很严重,贫苦人家也很多,可是却没有组建起水平社的组织。我翻看5年前的访谈记录,读到了当年的运动先驱山本道三和中井清之丞两位先生讲述的回忆。

在吉备庄部落,寺院的住持比较了解水平社运动。当时无论在哪里都是如此,部落中的寺院是部落唯一的文化中心,也是部落唯一的集会场所。能够自由使用寺院,这对于奋起投身于部落解放运动的年轻人来说是一个有利条件。

但是,在北荣地区,寺院住持等村子里一直以来的实权人物想法很守旧,他们不允许年轻人按自己的想法利用寺院。话说得更明白一点，那就是他们不赞成水平社运动。在吉备庄，在经济上和时间上都有富余的几个人成了解放运动的领头人。但是，在北荣地区有实力的人中，最终没有产生解放运动的领头人。

大家曾策划要在最胜寺召开演说会。出生于纪州的水平社运动领导人栗须七郎以热情的演说而闻名。以其为首，来自吉备庄的10余人计划参加此次演说会。但是，由于警察的介入，参会人员在开会前就被迫解散了。竹井音吉、松原信太郎、横贯多喜藏等青年们因为在村子里无法充分开展活动而愤恨得切齿扼腕。他们与山本、中井等前辈一起"用漂白布制旗帜"到处去声援水平社的大会。

栗须七郎出生于南纪州熊野本宫村，在当时的水平社领导人当中以热情洋溢的出色演讲及精力充沛的行动力而闻名。栗须七郎为了在关西各地的部落中组建水平社组织而奔走，他特别走访了和歌山县内的部落，呼吁人们奋起参加运动。听了他出色的演说，有很多青年下定决心必须要奋起参加解放运动。北荣地区的青年们亦是如此。但是，仅凭觉醒了的几个年轻人无法击溃北荣地区实权人物保守的想法。最终北荣地区没能组建起水平社组织。

横贯先生是当年参加过水平社运动的人中仍健在的人之一。我听他详细回忆了当年的事。横贯先生虽然已经75岁了，但还很有活力，精神矍铄。他那慈祥的表情中透着闪闪的光辉。他以一副平静的语调娓娓道来。在我看来他是一个忠诚而又守规矩的人。

——村里的实权人物们为什么要反对组建水平社呢?

"可能是因为他们认为加入水平社之后反而需要报上自己的出身吧。这些人的想法还非常保守,而那些每天疲于奔命地劳作的部落大众又没有富余时间参加运动。这两点是无法组建水平社的主要原因。"

——栗须先生的激情演讲很有名啊。我读了一下人们关于当时情况的回忆录,发现大家都提到了这一点。

"栗须先生来我们这儿演说,我第一次去听是在16岁的时候。提到他的演说,热烈得简直好像嘴里喷火一样。听他演说的人都会变得热血沸腾。一有演说会,就会有大约10个巡警围守在寺院周边。因此大家都有些害怕,不敢靠近。当权者就是用这种方式威吓大家,不让演说会顺利召开。"

横贯先生当时只有16岁,但他为了给土木工程做小工而自称已经18岁了。他天没亮就得提着灯笼出发,连休息时间都没有,一直要干到天黑。他做的是当今的年轻人"无论怎么说都无法理解"的重体力劳动。他20岁的时候学习吹箫,做了两年左右的虚无僧[①],游走于纪州路一带。当然,他并没有获得官方正式的认证。但即便如此,他也会在所到之处教人吹箫,以此来维持生计。回乡之后,他作为青年会的领袖而大显身手。

---

① 虚无僧是日本普化宗的蓄发僧人,头戴深草笠,吹箫云游四海。

因为我们这儿没有组建起水平社,所以一出现歧视性事件,青年会就会冲到斗争的最前沿。在那个时代啊,大家好像都认为歧视现象是理所当然的。住在这儿的人们也都认为直到自己死去,不,应该说是直到自己孙子那一代,歧视现象也不会消失。我们这群孩子也都一直是听着这些长大的。可是,每当别人用各种各样的歧视性语言来对待自己时,我们还是会觉得无法忍受。我还记得自己小时候内心中的那种不甘心。因此,虽然年轻人很少聚集在一起,但是一听到水平社的号召,就会产生一种战栗般的感觉,扛着旗帜就振奋起来了……

8. 生活在海上的"渡众"① 的传统

始于江户时代的谋生手段和生活状况

我们通过对故老们的访谈，具体地了解了从明治时期到大正时期，北荣部落的人们在严重的歧视下谋生的方式及其生活状况。让我们再进一步追溯，看看在被认为是部落开创之初的中世末期和人口逐渐增加的江户时代，这里的人们究竟是靠什么维持生计的，他们过的是怎样的生活。

据记叙北荣起源的《最胜寺缘起》一书所载，来熊野参拜的若太夫留在了这一带。因为他是一个深信佛法并皈依了净土真宗的老实人，所以地头②就将秃山的土地赏赐给他，让他当了当地的差人，并赐其四寸粗八尺长的橡树棒。据说该橡树棒遭到虫蛀，在最胜寺大约一直被保存到文政六年（1823）。

按照流传下来的说法，若太夫应该是作为负责熊野古道道路警备的差人而定居此地的。但是，尽管有相当多的

---

① 渡众是指居住于日本的河流湖泊或海上的靠水路运输为生的人们。
② 地头是指日本封建时代领主指派管理庄园的庄头。

古文书留存下来，却没有确凿的证据来证明这些说法。在各地被歧视部落中，也有不少地区有人承担这种作为徭役的低级警吏工作，并留存下来一些与警备武术相关的书画以及武器防具。但是，在这一地区并没有留存下来任何东西可以作为旁证。

近世中期之后，纪伊藩也为了向未开发的土地扩张而对皮田部落的居民进行了动员，推动其转为农民。同时，随着农村货币经济的发展与地方城市工商业的兴隆，各种杂业不断增加。虽然中世末期祖先们是以负责道路警备的差人的身份定居下来的，可到了近世中期，族人们变得要依靠干农活和各种杂事而生存。

可是，在这个部落里好像从江户时代开始就完全没有人从事与皮革相关的营生。在各地具有悠久历史的部落中，有被称为"草场"和"皮场"、专职负责处理死牛死马并拥有处置权的部落。不用说，这些也是奉官方要求而做的徭役。但是，获得"草场权"的地区都是那些早在近世初期就建立起来的"皮田"部落，后来因分村而建立的地区及在新开发的土地上建立的地区大多没有这种权利。

当部落拥有处置权时，即使是做这种活，人们也可以赖以维持生计。当然，并非部落里所有的人都拥有这种权力，只有持有特定特权的人才会拥有处置权。提到"草场"，能从事这件事的人也不多。同时，因为每年需要处理的死牛死马数量也不是很多，所以部落里的人们仅靠这些无法维持生计。

然而，在最胜寺的古文书当中，却没有关于"草场权"的史料，也没有相关的代代传承的史话。在相邻的宫西部落，也是在明治以后才建了一个小型肉食处理场。

受到当地产业的排斥

在我走访的十几个有田郡的被歧视部落中，没有将与皮革相关的活计当作部落特有产业的。我在一个部落当中看到了自江户时代留传下来的古老大鼓。据其背面的记录所载，好像是大鼓被带到大阪渡边村修理过。纪北有一个因为生产皮革而十分有名的大型部落。好像整个藩内与皮革相关的活计都被集中到那去做。这与纪伊藩的贱民政策有关，也与纪北、纪中、纪南各个地区的相关历史事件密切相关，从史料层面来看，也是必须再详加考察的课题。

还有一个必须要考察的内容是北荣地区的艺能传统。这次访谈的主要目的之一也正是要明确这一点。原本若太夫应该是一个游走于熊野古道的带有宗教色彩的卖艺人，在这一地区定居之后，开创了净土真宗的道场——我得出了上述推测。关于北荣的艺能状况，我将在下一节中阐述。

汤浅曾是纪州屈指可数的地方城市，其周边自江户时代起就有三个主要的产业。可是，同样是居住在汤浅地区，北荣地区的居民却遭到排斥，完全无法进入这些基础产业。他们甚至连转包的活都不能做。

汤浅地区最负盛名的是酱油产业。离此地很近的兴国寺的觉心大师在中国学习了黄酱的酿造方法后回到日本。

据说觉心在制造黄酱的工艺过程中发现了酱油的制造方法。因为没有留下史料，所以我们可以认为这只是民间传说。不管怎样，这已经被当成日本酱油的起源了。自那以后，酱油制造业在汤浅地区兴盛起来。话说这都是江户初期的事。

汤浅的水适合于制造酱油，因此有势力的城里人相继在这里建立了制造厂。汤浅酱油一下子变得十分有名。纪伊藩对此也有特别的保护扶植政策，汤浅的酱油制造者们挺进到江户、大阪等地，港口也因为装载酱油的船只而繁华热闹起来。

其次是有田蜜柑。这一带气候温暖，土地肥沃，庆长时期开始流行栽培蜜柑。宽永年间，蜜柑开始销往江户。根据江户时代中期的富商纪国屋文左卫门的话可知，这里的蜜柑已经完全胜过其他地区的蜜柑。汤浅蜜柑的味道得到了很高的评价。蜜柑筐需要在海上运输，有田川周边地区因而繁华热闹起来。

最后是渔业。汤浅周边有纪伊航道和熊野滩，自古以来就是资源丰富的渔场。黑潮暖流从这一带海域经过，因此在这里捕获的鱼特别鲜美。藩里也有保护性政策，于是渔业成为纪州的重要产业之一。全国闻名的还有捕鲸、捕松鱼、捕沙丁鱼。很多渔民会出海到遥远的关东海域去捕鱼。汤浅渔业很发达，成为有众多渔船出入的大型渔业基地。

可是，北荣地区的居民却一直被排斥在当地的三个主要产业之外。虽然他们居住的地方临近海滨，却被剥夺了渔业权。隔川相望的地方酱油仓库林立，可是他们却连转包出来的活都得不到。

这一带山地适合栽培蜜柑，但因为没有母树，所以无法种植蜜柑。找不到活干的时候，人们只能捡拾蜜柑落果。

搬运工行会展现出来的"渡众"传统

如上所述，北荣地区的居民从江户时代开始就无法从事汤浅的主要产业。歧视这一堵厚厚的墙直接阻挡了人们参与生产的道路。但是，我们仔细思考一下，支撑起这个地区产业基础的正是北荣地区的居民。

首先要提及的就是生产装载货物时无论如何都需要用到的绳子和粗草席（编织得很粗的席子）。

其次是运送这些产品。北荣地区没有肥沃的耕地。自江户时代开始，稻草加工业作为副业就很盛行。主要产品是绳子、粗草席、草履等。绳子是用来打包蜜柑的，粗草席是用来包装酱油桶的。为蜜柑树防寒时，也十分需要粗草席。这种稻草加工业主要是以女人为主力的手工副业。家家户户的女人们都在用三合土铺地的房间里干到深夜。对于贫穷的家庭来说，这些也成了重要的生活来源。

酱油和蜜柑的装运只能依靠搬运工行会。在纪势干线开通之前，物资的运输一直都是依靠海上航道。装船和卸船等劳动都是由北荣地区的居民来做的。这些活计是从江户时代开始有的。干这种活的人整天都要不停地搬运那些100～150公斤重的货物，真是很辛苦的重体力劳动。对于干不惯这种活的人来说，这是很难坚持下去的。而且，没有船只进港的时候,人们就没有任何活可干。这还是一种不稳定的营生。

即便如此,搬运工行会的活计作为部落里的谋生手段被承袭下来了。最多的时候,大约有50人干这种活。因为潜在性的失业者人数众多,所以虽然大家都想要加入搬运工行会,但是却很难加入进去。相当辛苦的重体力劳动使得收入也比其他杂七杂八的行业多一些。明治44年(1911)码头建成以前,即使是在寒冬里,大家也是泡在齐胸深的海水中装卸货物。

收入全都平均分配

一直运营行会的竹井实之助先生与和田长之助先生向我讲述了他们的回忆。

图1-13 搬运工时期的和田长之助先生

——从史料来看，以前有新旧两个行会组织是吧。

"是这样的。因为分成两个行会组织，所以劳动者们被迫进行激烈的竞争，很是辛苦啊。汤浅的海面上远远地一出现船影，新旧两个行会组织就会立刻派出小艇，拼命划过去。先行到达的即拥有卸货的权利。因为关系到当天的活计，所以大家都是拼命地去做这件事。全家人的生活都靠这份活计，所以要豁出性命地努力干呀。昭和4年，两个行会合并了，大家也开始轮换着干活。"

——也有很多时候没有活可干吧。海上波涛汹涌的话，就没有船进港了……

"没有活可干的时候，回家真是很难受呀。人们从早晨开始就在海滨等活的窝棚守候。一直在等着活。当知道今天没活可干而不得不回家的时候真是很辛酸。家里没有任何存粮，必须靠着当天挣的钱才能吃得上呢。买米的时候每次也只是买一升、两升的。一到盂兰盆节或过年的时候就得靠东家借西家借才能勉强过去啊。"

"从大阪来的船大概要装40吨货物。无论有没有活干，大家都每天来窝棚等着。通常会有10个人左右在那守候着。有急活的时候，就算是大半夜也要干。"

——把货物卸下来以后还要用车来运送吧？

"人们用带有铁包木轮子的车在凹凸不平的道路上

运送卸下来的货物。这也是很艰辛的活。无论再怎么努力，一趟顶多也只能运 100 贯（相当于 375 公斤）的货物。雨天泥泞的道路更是让人欲哭无泪啊。从汽车公司租借旧车轮胎来代替铁包木车轮，是很久以后的事了。直到大正时代结束，大家都是穿着草鞋干活的。"

"大家都充分发挥生活的智慧，发明了各种用于搬运的工具。昭和 10 年以后，人们开始用两只狗来拉排子车。自那以后，因为有狗的帮助而使人变得轻松很多。一只狗和一个成年劳力能拉动的货物重量差不多，能起到很大的作用，可是狗也是要吃很多食物的，一天差不多要吃五六合①的东西。"

"因为整天都在运送沉重的货物，所以大家的腰都不好。甚至还有人因此干不了活了。大家都做着繁重的体力活，肚子饿得不得了。往陶茶壶里放点粥带着，每隔三个小时就吃点。虽然有点粥，可是不管吃多少，很快肚子就饿了。"

虽然大家干的活有多有少，可收入是均等的。如上所述，附近御坊地区的被歧视部落也是自江户时代开始成立了搬运工工会。我在那边听闻的也是不管是大力士，还是几乎搬运不了什么货物的残疾人，大家都拿同样的钱。

——有些人力气大，也有些人没什么劲。有没有

---

① 合是指日本度量衡制尺贯法中的体积单位，1 升的 1/10。

人因此而不满呀?

"嗯,没有人不满。大家都是穷苦人,所以相互扶助的心情很强烈。收入都是大家平等均分,没有人抱怨说分多分少……"

以人人平等为旗帜而进行斗争的"一向一揆"以来的"渡众"传统还一直保留在这一带的部落中。

私塾中使用的"往来物"

最胜寺留存下来的文书当中有几本"往来物",比如《百姓往来》《买卖往来》《名册》等。也有明确写着文政四年(1821)这一时间的文书。这是由明治初期的住持了玄大师誊写的。这些文书的原书都是江户中期作为平民教育的实用教材而畅销的书籍。

但是,这里保留下来的并非是市面上卖的木版印刷的书籍,而是用很漂亮的字体誊写的文稿,就连装订也全部都是手工的。在教科书上有很多地方都残留着孩子们乱写乱画的痕迹。这是为了那些买不起市面上卖的书籍的部落子弟而誊写制作的文本。这可能是时任教师之职的住持们制作的吧。因此这也成为无可替代的珍贵的书本。

在《北荣之昔》一书中收录了一些出生于明治中期的故老们的证言。这些故老们讲述了一些很久以前的回忆,说自己的父母在寺院里学习过三年读书写字。那应该是幕府末期时的事。江户末期的时候,最胜寺开设了私塾。而最胜寺中留存下来的、誊写的"往来物"正是那时使用的教科书。

出生于弘化三年（1846）的了谛和尚自幼就喜好学问，长于书法和绘画。了谛和尚拥有自由的思想，他可能是对提高部落的文化水平、改善生活条件进行了大胆的提议。

但是，了谛和尚所提出的革新性的提案并没有被村子里有势力的人所采纳。最终，了谛和尚被迫离开了寺院。他转移到西面的山谷，召集附近的孩子们，教导其读书写字。当地"儿童会"的传统确实是始自这位了谛和尚。自那以来，小时候曾在"儿童会"学习过的人们将这一传统一直传承至今。

孩子们的恩人

在汤浅地区，明治六年（1873）开设了小学。但是底层的老百姓没有富余的钱让孩子上学。特别是部落里的儿童，自江户时代起就一直是与市民社会隔绝的。就算家长不让孩子上学，官府方面也不会出面干预。

但是，对孩子们不加教育、置之不理也不合适，因此刚刚提及的了谛和尚和地主中井爱之助等人就用私人财产开设了私塾。最初是以私塾的形式授课，明治中期以后改成矶肋分校。分校设有小学四个年级，而旧制高等小学的课程则需要孩子们去本校学习。但是，因为当时生活很困苦，孩子们需要帮家里干活，所以有很多儿童甚至无法去当地的分校。只有极少的一部分孩子才能到本校去从头到尾学习，一直学到毕业。

去学校上学时，学校里等待着他们的是非常严重的歧视。根据横贯先生所述，他们就连做游戏的时候也会被人家说成是"肮脏的"，没有人愿意拉他们的手。北荣地区的孩子们被单独排在一处。他们偶尔吹一下学校里的喇叭，老师也会把喇叭拿走，说："你小子没资格做这事。"而且，老师会当着孩子们的面立刻用水来清洗喇叭口。这简直就是令人屈辱至极的歧视。孩子们的心中涌现出一股难以名状的激流。"为什么我要遭受这样的事情？"眼泪一串串忍不住落下来。

也有人很仁厚，为部落做了很多事。有一位校长为了帮助那些买不起文具的贫家子弟而把自己的收入全部拿出来，趁着夜色悄悄地一家一家给孩子们送蜡笔。这位校长就是纪北本愿寺大谷派的住持、佐佐木信证校长。

佐佐木先生辞去学校的工作返回故乡之际，港口挤满了前去送行的人。大家都挥着手，直到载着这位宅心仁厚的先生的小船在海面上渐行渐远，越来越小。部落里的孩子们全都流着眼泪，一直挥手到最后。

——关于这位佐佐木老师的事迹，故老们的证言中并没有提及。

"是嘛。那请您一定要写一写这位老师的事迹。他真的是一位非常仁爱宽厚的好老师……"

"我记得这位老师的故乡好像是在和歌山的藤代附近，从这里走要翻过几座山。"

"当年大伙都没钱买足够用的文具。老师说要上绘画课，可学生们既没有绘画工具也没有蜡笔。有些孩子因为感觉不好意思甚至想第二天不去上学了。可是，就在上绘画课的头一天晚上，佐佐木老师悄悄地到穷孩子们的家里送了蜡笔。想当年人们可是不把我们当人看的，歧视是极为严重的，然而竟然有如此为我们着想的老师啊。就凭佐佐木老师这份心意，也是值得我们感恩的。我母亲在港口送别佐佐木老师的时候也哭了……"

——据说佐佐木老师也做过本愿寺派的住持，所以有可能他还是在宗教上继承了亲鸾的精神吧。

"那时候大伙也不太明白高深的道理，如今想来老师当时可能是觉得不应该有歧视，他想让这些孩子们能够活得像个人样吧……"

汤浅的开业医生酒井真之丞先生也是部落里的人难以忘记的恩人。这位医生不向那些生活困苦的人收取治疗费用。他为因受歧视和贫穷而困苦的北荣地区的人们，尽心尽力。

酒井医生于大正元年（1912）成功地利用蜜柑的落果制造出了柠檬酸。然后，为了被剥夺工作机会的北荣居民，在北荣部落里建立了一家生产柠檬酸的工厂。从业人员中的半数都是从北荣雇用的。这家工厂至今依然还是部落中唯一的中小企业。为了歌颂酒井先生的功绩，人们在综合中心前面建立了一个表彰碑。

9. 云游于古道的"念佛圣"

漂泊的宗教性卖艺人

在上文中我也曾经提及,《最胜寺缘起》一书中记述着有关最胜寺的创建者,同时也是这个部落的始祖若太夫的四件事。

(一)他本是摄州本照寺的弟子,赴熊野三社参拜之际,在本地滞留了六年。

(二)他从本地的地头领主处获赐秃山四五反,并成为差人,获赐橡木棒。

(三)他深信佛法而皈依佛教,从本愿寺第八代莲如大师处获得其亲笔题写的"南无阿弥陀佛"六字佛号,并仔细保管。

(四)他的亲生儿子若丸也是半俗半僧,一边仔细守护着佛号,一边劝导四面八方来的人们信佛。

目前并没有确凿的证据可以证明若太夫于明应六年(1497)开设了道场。但是,庆长年间的检地帐上确实登有他的名字。因此,我们可以说,战国时代末期若太夫住在这片土地上这一点，是不可动摇的事实。

若太夫该不会是云游于熊野古道的卖艺人吧？上文中我曾经做过这样的推测。但是，如果按照《最胜寺缘起》一书中出现的四个事项来进一步推理，那么应该说若太夫是属于"念佛圣"体系里的云游僧。

原本所谓"念佛圣"，是指像中世时期的空也上人和一遍上人一样的僧人，他们诵颂"南无阿弥陀佛"，亲自带头并让群众跟着诵颂，为了劝化众生而云游于市井。但是，在中世末期，那些以念佛的方式漂泊着布教的、具有宗教属性的卖艺人也被广义地称为"念佛圣"。

原本"声闻"[①] 是指那些修行佛法而开悟的人，但是从中世中期开始，人们普遍地将低级俗法师称为"声闻师"（唱门师）。"念佛圣"也是其中一种。他们处于无休无止的动乱时代，来自各个不同的社会阶层。他们当然并非是在宏伟的寺院里修行并得到官府认可的僧人，而是属于所谓的"私度僧"[②] 体系的低级俗法师，可以说他们是没有获得许可而私自活动的僧人。严格来讲，俗法师也可以分为两种。

其中之一是由兴福寺五处十座的"声闻师"所代表的隶属于大型寺院和神社并负有相应劳役的"声闻师"。他们担负加强警戒、打扫卫生、土木工程等职责。同时，猿乐[③]、

[①] 声闻是指倾听佛陀教诲的佛家弟子。
[②] 私度僧是指日本律令制度下没有得到官府许可而私自出家的僧尼。
[③] 猿乐是指日本镰仓时代的一种带有歌舞、乐曲的滑稽戏。

钵叩①、巫女等被称为"七道物"的曲艺杂耍艺人也被纳入其下。

没有获得许可而私自活动的僧人打扮的法师们

另外，也有一些云游诸国、依靠在宿场及河滩等地表演曲艺杂耍或做些杂役来维持生计的低级俗法师。他们被称为"长吏法师""非人法师""饵取法师"等。"法师""法师原"等称呼显而易见包含着贱视观念。

从释迦的时代开始，原本佛教中僧侣的基本生活方式就是漂泊于山野，忍受艰难困苦，一边修行佛法，一边托钵化缘维持生计。托钵化缘是指在人家门前乞求衣食，即乞食者。

在古老的佛教经典中，依靠托钵乞食的生活方式是重要的戒律之一，显示出僧侣应该有的一种生存方式。但是，在始于奈良朝、以天皇和贵族为中心的镇护国家佛教体系中，获得官府许可而出家为僧的僧侣们只是在大型寺院里闭门不出，并不会到民众当中去布教。

翻阅律令中的僧尼令可知，在民众生活于其间的俗世里布教，这件事本身就是被禁止的。僧侣们与民众的生活是完全绝缘的。

因此，到生活在社会底层的民众当中布教的人是上述那些"法师"装扮的"念佛圣"们。当然，他们那身装束是没有获得许可而私自穿着的僧人装扮。在这些"法师"

---

① 钵叩是指日本口念佛经手敲葫芦舞蹈的人。

"法师原"当中，有一些人是因为难以忍受苛捐杂税而从农村逃亡出来的，也有一些人是古代贱民的后代，还有一些人像西行法师（1118～1190）一样，原本为武士，却因感受到这个世界的无常而加入了从高野山到各地化缘的和尚当中。

动乱的中世末期并非是潦倒落泊的法师们凭借自己的善根，仅靠乞食就可以生存的时代，而是一个必须要靠表演杂耍、做小生意以及做各种杂行才能勉强维持生计的艰苦世界。

"皮田"的符号论式的意义

在流浪的法师当中，有一些人被庄司或者乡村雇用，获得偏僻角落的荒地以及村庄交界处的土地，负责警备、看门、做祭祀和送葬时的杂事等。他们完成的是村庄生活中不可或缺的事，但因为他们是从其他地方来的流浪人员，所以还是会被村民们看作下贱之人。正是因为存在这种贱视观，所以他们定居下来建立的小小村落才在织田和丰臣政权的民众统治政策体系中，作为"皮田"（皮多、革多）部落而受到压制。

我们不可以因为"皮田"这一名称就贸然断定他们当中的所有人都从事如上文中提及的负责处理死牛死马的活计以及做皮革生意。众所周知，今川领地、后北条领地为了确保皮革工匠不流失，而将其身份固定。"皮田"这一称呼正是源于此。随着战国时代末期各地武士政权统治了全体民众,"皮田"这一称呼带着特殊的含义,逐渐向各地扩展。这一称呼里有怎样一种特殊的含义呢?

以近畿为中心的各地都留存着从天正年间到庆长年间的检地帐。其中出现的"皮田"有不少是指拥有狭小土地进行农耕的人。据推测直接从事与皮革相关营生的人并不是很多。

图 1-14　滑皮师与皮细工师(《人伦训蒙图汇》)

根据各藩的政策,各地的情况有所差异,并非是完全统一的。但是当统治阶级主动使用"皮田"这一称呼时,他们的意图是赋予"皮(革)"这个字某种含义吧。

也可以说,从符号论层面来看,"皮"是作为身份卑微的符号而被使用的。

皮革活是住在河滩上负责屠宰的人们所从事的职业。

他们被认为犯了佛教戒律中的第一条——杀生之戒。这种看法从中世初期开始就已经作为社会上的共同认知而确立了。"皮田"这一称呼逐渐被大家使用。借用亲鸾的话来讲，这是对作为"从事屠沽的下等人"（依靠狩猎、捕鱼、做买卖来维持生计的下贱之人）而受到歧视的民众的一种身份性蔑称。

当然，漂泊的卖艺人也作为没有安身之处的流浪者当中的一员而被视为身份卑贱之人，被归入"下等人"之列。那些卖艺人出身、逐渐农民化的人不是也依然被称为"皮田"和"皮多"吗？"皮多"这两个字含有"卑贱程度强"的含义。

皈依亲鸾的"念佛圣"

如上所述，我认为北荣部落的始祖"皮田"若太夫是在熊野古道沿线漂泊流浪的一位"念佛圣"。

在贵族佛教当中，这些"从事屠沽的下等人"被认为是要下地狱的，是无论如何也没办法进入极乐净土的。而亲鸾正视了这些人深深的苦恼，提出"恶人正机"[①]说，倡导说大慈大悲的佛陀正是要向那些遭受歧视的人们伸出救赎之手。

继承亲鸾教诲的本愿寺一派势力曾有一个时期彻底衰

---

① 恶人正机说是日本佛教净土真宗初祖亲鸾法师的学说。其认为：人本来是罪孽深重的凡夫，救济恶人使其成佛是阿弥陀佛的本愿，恶人只需口念"阿弥陀佛"即可往生极乐世界。（成春有、汪捷：《日本历史文化词典》，南京人民出版社，2010，第220页）

败了，但是到了莲如时代又开始在底层民众当中得到大力推广。我认为这位若太夫也是因感动于亲鸾的教诲而诚心皈依净土真宗，并成为一名游走于熊野古道沿线的"念佛圣"。

可是，曾经兴盛于平安时代的"熊野信仰"在中世末期开始不断衰落。熊野参拜在镰仓时期和室町时期依然很兴旺。因为歧视女性，所以很多有名的寺院和神社禁止女人参拜。但是，熊野向女性开放，因此依然还会聚集众多的信徒。可是，进入战国时代之后，因为向全国普及熊野信仰、在山野中修行的僧侣的势力渐渐衰弱，前来参拜的人急剧减少。伊势参拜取而代之，逐渐受到人们的欢迎。

"熊野牛王宝印"自古以来就是宣誓书上使用的护符。那些四处售卖有名的"熊野牛王宝印"的修行僧侣以及一边"讲解画意"一边到处宣扬熊野信仰的熊野比丘尼的身影，也逐渐从熊野古道上消失了。此后出现于江户的熊野比丘尼虽然是在讲说佛法教义，劝人信奉，却被认为与唱歌的艺妓是同一类人。

熊野参拜不断衰落，在古道沿线以及宿场漂泊游荡的卖艺人也逐渐失去了自己的顾客，仅靠卖艺无法维持生计。于是若太夫也定居在汤浅的秃山脚下，一边当差一边做些农活维持生计。

与此同时，他为了推广亲鸾和莲如的教诲而开设了一个小型道场。称若太夫当时是本照寺弟子可能是后世之人牵强附会的说法。本照寺当时称为光照寺。江户幕府强化对佛教的统一管理后，它成为部落寺院的总寺院。但是，可能光照寺在中世末期时就已经将像"念佛圣"一样的化缘法师纳入了自己的管辖范围。

以若太夫为创始人的最胜寺中一直留存着按《最胜寺缘起》一书中所记的由莲如亲笔所书的六字佛号。北山道雄住持很遗憾地说："令人感到可惜的是六字佛号被虫子蛀得很厉害，变得破烂不堪……"

部落中保留下来的"念佛圣"的传统

另外，北荣部落中还保留着被认为是自若太夫以来的传统的维持生计的方式。这就是继承中世以来"念佛圣"源流的宗教性的艺能传统。当然，以前的形式并没有完完全全地保留下来。近世以后，这种传统由采用街头卖艺和门前戏的形式却又进行了创新的"祝福艺"①所继承。例如，《北荣之昔》一书中载有如下内容。

> 为了建造寺院里的吊钟而每天晚上四处去诵颂佛经，将得到的一文二文的香资存蓄起来，同时自己也捐可以当作材料使用的金属器具、捐钱，筹集费用……

> 用了三年的时间四处去诵颂佛经。城内当然是去

---

① 祝福艺是由祭祀仪式上祭神祝词演变而来的，如新年期间表演的春驹舞等。

过了，还去了田村、栖原、吉川、广、宫原一带。为了去诵颂佛经，中井清五郎每天晚上教大家念佛……

青年团的人们去附近诵颂佛经，一文二文地得到施舍，并将这些积攒到一起用来作青年会场的建设费。

在此所列的仅是其中的几个例子，源自"念佛圣"的艺能传统一直扎根于这个村落的民俗深层当中。通过这次访谈，我听闻了很多可以实证这一点的事情。

在北荣地区曾经盛行被称为"三吉"的春驹舞。这种春驹舞出现于江户时代。在明治和大正时期，一到正月部落里就会有一些人出去表演门前戏"祝福艺"。

有一些人去朝拜圣地，或者当"虚无僧"行走四方；也有一些人为日译偈文打上节拍，唱着朝山拜庙歌扭动着表演门前戏；还有一些人跳着以"虾夷、大黑，飞入。祝福吧"为开场白的大黑舞。

部落里有很多人都非常擅长唱歌。也有像已经去世的浜井甚七那样肩背长琴四处游走的"沿街说唱的人"。浜井从15岁开始就在全国游走，是一位有名的演歌师。据说他"啪"地一下挑起挂在店门处印有商号名的布帘，想要往店里进时，因为琴太长而有点卡，所以他将琴一点点削短，形成了独特的琴形，这一点如今依然为大家津津乐道。他长年喜欢用的那把琴今天依然作为纪念挂在他儿子家的墙壁上。

从古代开始，绝大多数表演艺能的人都是各个时代没有土地的底层民众。中世的艺能包括田乐、猿乐、曲舞、千秋万岁、说经节①、平家座头（琵琶法师）②、钵叩、傀儡戏、念佛圣、巫女等，多姿多彩的民俗艺能在民众当中真的是广为流传。

近世以后，由中世的贱民阶层所创造出来的各种各样杂艺的集大成者歌舞伎和人形净琉璃登上了历史舞台，逐渐作为舞台艺术而成熟起来，并发展成为可以代表日本民俗文化的艺能。

但是，即便是歌舞伎剧目中的名角，也依然会被当作"河原者""身份卑贱者"而受到歧视。他们在天保年间的改革中被监禁在指定的居住区域内。因为其身份是"河原者"，所以被禁止与其他城镇居民交往，在外出时被强制要求戴草笠。

---

① 说经节是指日本用三味线伴奏的故事说唱。
② 琵琶法师是指日本平安和镰仓时代的盲眼僧侣，在街道上弹奏琵琶为《平家物语》伴奏。

10. 表达祝福的门前戏春驹

古老的民俗信仰与门前戏的源流

查阅古文献可知，近世时期的街头卖艺和门前戏超过百种。落后于时代而逐渐遭到废弃的也为数不少。但是，人们立刻又会发明出可以取而代之的新艺能。这些艺能中有很多是由江户时期的乞胸仁太夫等各地贱民阶层的头领控制的。因此，街头卖艺和门前戏主要是由贱民阶层的人来做的。人们一直认为这些事与被歧视部落的人们的生计没有太大关系，当今被歧视部落的人们的身份曾是"皮田""秽多"。

可是，我们通过史料可以明确地了解到，京都、大阪、博多等各地历史悠久的"秽多"村都拥有公演能乐、歌舞伎、人形净琉璃等权限，也都在根本上支撑着这些艺能的发展。三好伊平次所著的《同和问题的历史性研究》（同和奉公会，1943）是在战争中写就的，如今已经被奉为古典名著。这本书是作者奔走于各地的部落，探索宝贵的史料后精心写就的大作。

从江户时代开始，全国各地都有与进行巡回演出的歌舞伎剧团相关的"演员村"。这些村落都地处农村，是区别于其他百姓住地的受到歧视的地区。这些地区因作为所谓贱民阶层居住的地区而受到歧视。我所走访的各地的"演员村"中有不少村落还保留着门前戏的传统，只是如今已经不再公开表演了。

在农村的被歧视部落中，虽说没到部落所有成员都参与的程度，但是总会有一些人在新春时节出去表演门前戏。"表演门前戏不管怎么说形式和乞食差不多……"正如故老们沉重的话语一样，这是在严重的受歧视和贫困状态下，为了能够生存下去而表演的艺能，因此如今已经不太公开进行表演了。在下一节中我将会提及，表演门前戏的艺人通常会在别人家门前说一些祝福性的吉利话，替神佛接受布施和喜舍。他们当然不会被当作单纯乞讨的人来对待。

位于北荣综合中心二层的小型资料室中妥善保存着卖艺人实际表演门前戏时使用过的春驹的衣服和驹首[①]。

在北荣部落，一到新春时节就有很多村民出门去表演春驹。整个江户时代，在全国各地都有人表演春驹。春驹是日本民俗艺能中具有代表性的门前戏，在近世数量众多的祝福艺当中也算是很具代表性的艺能。

元禄时代的门前戏

如其字面意思所示，门前戏是指在家家户户门前表演

[①] 驹首是指表演春驹舞的人头上戴的东西。

的艺能。门前戏起源于古老的民俗信仰。传说在年末、正月、立春的前一天等盛大的日子里，神灵会从远方而来，给每家每户施福。那些描绘市井风俗的古老绘画中常常出现表演门前戏的人和街头卖艺的人。虽然有时这些艺人并非是该绘画要表现的主题，但其作为热闹的街头风景中的点缀性人物必然会出现在某处场景中。

表演门前戏的艺人大多头戴深草笠或其他佩在头上的饰物，把脸庞挡起来。这并非是为了隐藏自己的身份而不以面目示人，而是在隐藏自己是人这个事实。也就是说，他们表达的是自己是作为神的代理人而站在门口的。

而且，他们手持松枝、杨桐枝或者动物形状的玩偶。他们拿的这些东西是神灵依附的物件。表演门前戏的艺人通过手持这些物件，来显示神灵附体到自己身上，表示自己具备了讲述神谕的资格。

作为门前戏的祝福艺始于中世时期的"千秋万岁""松杂子""猿曳""傀儡戏"等，大约有近千年的历史。翻阅《人伦训蒙图汇》可知，元禄元年（1688）时存在大约40种门前戏。这一统计是以江户为中心进行的，统计的是京都、大阪等大城市的艺能状况。深入各地农村的话，应该会看到更为多姿多彩的门前戏。

门前戏原本是为了祈祷丰收而在农村地区作为预祝仪式举行的活动。近世之后，随着城市化发展，门前戏作为祈祷商家兴隆、买卖兴旺的祝福艺而急速兴盛起来。

年末时会有一些人表演节季候、姥等，初春时节会有一些人表演"万岁"春驹、大黑舞、虾夷舞、耍猴、太神乐、驱鸟节、狮子舞、说吉祥话、唱贺词等。在立春的前一天，会有一些人进行袚除不祥的表演，也有一些人不按季节表演，比如演出歌祭文、歌念佛①、说经、住吉舞、木偶戏等。

上述绝大部分艺能都起源于江户时代初期，而其中几个在室町时代的记录中也曾出现过。这些都继承了古代将自己化身为神的"祝言人"的传统。可以说正月里不可或缺的吉祥事就是这些祈祷吉事降临的艺人来访。

世人都知道这些人是出生于散所和河原的贫穷艺人。他们当中的绝大部分人都过着朝不保夕的日子，可即便如此，他们仍然竭尽全力地展现着出席盛大场面时的风度。虽然他们被当作乞丐而受到贱视和歧视，但另一方面，他们又作为代替神灵给人赐福的"祝言人"而得到殷勤接待，受到敬畏。

"祝言人"读作"ほがいびと（hogaibito）"，这个读音当中含有"乞儿"的读音。"ほかい（hokai）"在日语中可以写为"外居"二字，含有放置食物的容器之意。"ほがい（hogai）"在日语中写为"寿"字时，含有祝福、祝寿之意。

也就是说，"ほがいびと（hogaibito）"同时含有两个意思：一个是代替神灵说祝福话的人，另一个是站在门口

---

① 歌念佛是日本佛教用语。念佛时，其声细长，如歌咏一般随曲调节拍，又称浮世念佛。

乞食的人。

自古以来就有的日本民俗信仰当中，有一种"游幸渡来"传说，认为神灵和高僧会从遥远的异乡来到此地。此外，还存在着很朴素的"稀人信仰"①，认为神灵与祖先之灵会在正月、盂兰盆节等时节从遥远的彼世来到人间。

这些信仰如同地下潜流一般，在民众宗教的深处流淌着。人们把门前戏艺人当作神佛的代理人来迎接。同时，艺人们也会在诵祝吉祥的祝词后，接受布施和喜舍。迎接这些门前戏艺人的民众也并没有将这些艺人仅仅当作乞丐来对待。

新春的祝福艺和春驹

北荣地区保留下来的表演春驹用的驹首在江户时代被称为"木偶马头"。日本各地保留着各种各样的马头，而北荣地区的马头大约40公分，不是大型的马头。因为需要用右手拿着马头，随着激烈的节拍跳舞，所以马头太大的话，表演者根本就拿不住。艺人用木头精雕细琢，以自己独创的设计来制作马头。在马头颈部围上铜丝，系上宽永通宝和铃铛。一晃动马头，缰绳上挂着的铃铛就会丁零当啷地发出声响。

出发去表演门前戏之际，男人们会身着黑色的短上衣，

---

① 稀人信仰是指日本对从彼世来访并给人们以祝福后离去的神灵的信仰。

图 1-15 北荣地区的表演者们

打上绑腿，穿上足袋①。虽然说是短上衣，可也是质地厚实的漂亮衣装。人们想出各种创意办法，用金线和银线刺绣出美丽的图案。

加入"三"字图案，表达"三吉"之意。"三吉"是春驹的别称。大阪的贝塚部落、鸟取地区也将之称为"三吉"。在关东地区，也有地方将之称为"三吉"。在中国地区②一带，有的被歧视部落被称为"三吉村"。这可能是因为全村老少都出门去表演祝福式艺能的缘故吧。（高桥直一「備後福山地方の旧特殊民」『民族与歷史』第四卷第六号）。

---

① 足袋是指日式短布袜。
② 日本平安时代将日本分为"近国""中国""远国"。其中"中国"是指现在的鸟取县、岛根县、山口县、冈山县、广岛县一带。

为什么春驹被称为"三吉"呢？关于这一点有诸多说法，有人认为是起源于因"重井别子"而有名的人形净琉璃剧目《恋女房染分手纲》中的马夫三吉。也就是说，从江户时代中期开始，春驹就以"三吉"这一别称广为人知了。我们可以说这也显示出人形净琉璃和歌舞伎作为百姓艺术的普及程度。

女性的服装是以紫色、青紫色等明快色调的汗衫配白色的足袋为正装。当然，因为各地都设计制作了各有特色的衣服，所以并没有正式统一的正装。在浮世绘当中可以看到江户时代表演春驹和驱鸟节的艺人身姿，他们身穿绘有美丽图纹的便装，全都头戴深草笠。进入明治时期以后，表演者变得不再头戴草笠，取而代之的是用日式薄棉布蒙盖脸颊。

江户时代的春驹风俗

从江户时代的风俗画中可以看出门前戏春驹有各种形式，如由两人进行表演、由三人进行表演等。既有全由男性表演的，也有由男女组合表演的。在北荣地区，人们用各种组合形式来表演新春门前戏。多采用二男或一男一女的组合。采用二男组合时，一位男性跳舞，另一位男性击鼓。女性参演时，也有用三弦伴奏打拍子的。

在我调查所及的范围内，春驹大致可以分为三个类型。各地制作马驹的方式和演出方法也都有所不同。笼统地说，仅从使用马驹的方式来看，可以分为如下几类。（一）手持小型马头；（二）制作相当大型的马驹，人骑在马驹上，以骑马的姿势表演；（三）制作稍微大一些的马头，像戴狮子头一样戴着。

北荣地区的春驹采用的是（一）型。从全国范围来看，京都等地多采用这一类型。在江户地区多采用头戴马头的形式，而在佐渡地区则保留着（一）和（二）两种类型的表演形式。

那么，为什么跳春驹舞会被当作新春的预祝呢？为什么春驹成了祈祷丰收和繁荣昌盛的艺能呢？

在关东、信州等盛行养蚕的地区，跳春驹舞会被当作预祝蚕作茧的仪式。在《大众艺能资料集成》第三卷（三一书房）中记载着群马县利根郡的春驹歌谣。歌谣以如下前歌开篇。

> 来吧来吧，进来吧跳进来吧，养蚕的三吉。进来之后就不要放开，扎扎实实地养吧。

提到为什么春驹与养蚕的祈祷词被结合到一起，人们普遍认为这是因为中国的古老文献《周礼》中有相关故事。在民俗学者中，柳田国男先生对这一说法持肯定性意见，而中山太郎先生则持否定性意见。（中山太郎「昔の春駒」『郷土研究』第三卷第一号）

还有一种通用的说法是春驹很有名的开头中有一句话："春之初的春驹啊，说是就连做梦梦到你，也是吉祥的。"正如这句话所显示出的，春驹正是初春时节的祝福艺。过新年的时候，表演者伴着祈祷新的一年吉祥如意的贺词而舞蹈。据说这起源于平安时代的"白马节会"。

这项庆祝活动是朝廷在正月初七时将白马牵到庭院举行的仪式。据说在这一天看到白马，可以去除令人生病的邪气，看到白马的人一整年都会身体健康。这也是从中国传到日本的古老习俗。

另外还有一种不同的见解，认为春驹与马头观音相关。马头观音是指以马头置于头顶做愤怒之相的观世音菩萨，被认为是马的守护神。然而，因为人们认为可以凭其激愤之相救助世人于苦难之中，所以老百姓将其作为守护孩子并祈祷全家平安的神佛膜拜。

开场白中出现的马头观音

在北荣地区春驹歌谣的开场白中，在最开头就讲述了马头观音的好处。这是从下述引子开始的。因为这一段开场白很长，所以对前半部分仅表述其概略。

——离海南三里半的市场村流行麻疹，因为马头观音的庇护麻疹得以治愈。自那以后，一流行麻疹，人们就会在稻草编的米袋两端的圆盖子上放红豆饭，并用稻草编制马匹，将这些放置在十字路口。也许是因为这种巫术起的作用吧，总之自那以后麻疹就很快可以治愈了，村里的人们全都变得不再生病了。

为了将这份值得感恩的喜悦之情永远传给子孙们，村民们从一月一日开始用三天的时间将全村的马匹都集中到有马头观音的广场上,给马匹系上红色的缰绳,给马嚼子系上铃铛,一边牵马绕着神殿广场转,一边诵唱保佑全家平安、兴旺繁盛、丰收喜庆等。村民们年年都会举行这样的祭祀仪式。也不知道是从什么时候开始的,村民们用竹子编制马匹,给马匹系上红色的缰绳,在马嚼子上左右各系一文钱,年年拿着在村里挨家挨户地祝福全家平安、丰收喜庆……

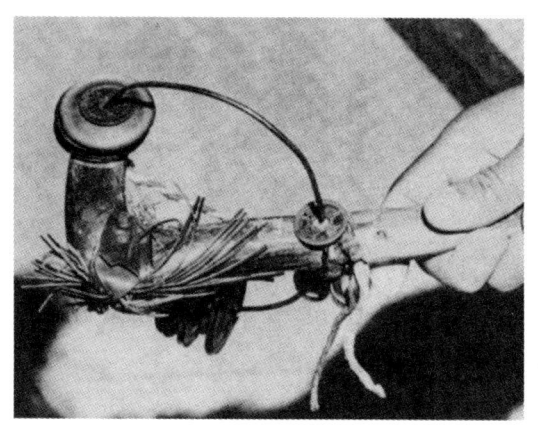

图 1-16 系有一文钱的驹首

这一段开场白结束之后,表演者先暂停一下,然后发出振奋人心的号子声,开始充满活力地跳舞。他们挥舞右手拿着的马头打响铃铛,让左手上的红布缰绳飘扬起来,如同马匹驰骋一般,咚咚地、强有力地踏响马蹄,动作幅度很大地跳起舞蹈来。

领唱的人一边打着大鼓,一边快活地大声歌唱。随着伴奏,表演春驹的人跳起了雄壮的舞蹈。春驹舞继承了日本传统的民俗艺能当中保留下来的伴奏舞蹈的源流。

我请村里的故老们穿上以前的衣服跳起春驹舞。参与表演的有松本八重一先生、坂尻孝江先生和千福尚江女士。他们都是从战前就开始跳春驹舞的人。领唱的人是广冈照义先生。因为服装相当精致讲究，所以他们花了将近一个小时才准备好。关于这次的实际演出，我们得到了综合中心负责人千福启资先生很多帮助。千福先生的母亲以前也曾经出门去表演过春驹，老人家如今时隔多年再次充满活力地跳起了春驹舞。因为想要将这种民俗艺能的传统设法保留下去，所以千福女士站在最前列努力地教导着年轻人。

"有好多年没这样聚齐了跳舞啦"，虽然老人们这样说，可他们还和以往一样非常娴熟地舞动着缰绳。但是因为春驹舞需要一刻也不停地舞蹈，而且节奏快、动作幅度大，所以超过70岁的老人们无法长时间地表演。心脏跳动得很剧烈，脚也跳不动了。老人们说道："以往连续跳30分钟都没问题，可现在连3分钟都坚持不住喽，真是不中用了。"

虽然如此，大家依然还是停歇了几次后又跳了几段。汤浅町教育委员会的人也认为应该将该町宝贵的民俗遗产记录下来，因此扛着摄像机追着拍摄着。隔了这些年，原想再跳春驹舞的年龄最大的老人因为还是感觉到"腰腿都不听使唤了"，没有参与表演。下面记录的是为春驹舞伴舞的歌谣，大家读一下就可以明白春驹舞是一种节奏很快、动作强有力的舞蹈。

尽情驰骋!

骑手的节拍!

好! 加快!

看到有人家! (瞧啊!)

奔入的马! 马!

看啊! 这一家兴旺昌盛!

抖擞精神! 可喜可贺!

这一家也会兴旺昌盛!

嗨咿呀! 咚萨咚萨!

咚! 咚! 咚! 哎!

春之初日! 哎呀呀!

春驹啊, 入梦来!

嗨咿! 咚!

嗨咿! 咚!

就连梦到!

也可以说是吉祥!

嗨咿呀! 咚萨咚萨!

咚! 咚! 咚! 哎!

这一家! (瞧啊!)

吉祥如意的一家! 有鹤来!

嗨咿! 咚!

嗨咿! 咚!

有龟来!

来这一家做窝!

嗨咿呀！咚萨咚萨！

咚！咚！咚！哎！

不断消失的传统艺能

战后过了10年，村里出去表演春驹的人数锐减。即便如此，就在四五年前也还是有老人们出门去表演新春的祝福艺。他们也不搭伴，就一个人悄悄地出门。这可能是这个村里持续了几百年的传统艺能最后的身影吧。

——每年都是去固定的地方表演门前戏吗？

"嗯，有时会去固定的地方，有时会去新地方。有的人家每年都等着我们去，会念叨着怎么还没来呢。我们一到那样的地方，人们就会争抢着说：'瞧啊，来了！来了！'大家都会很开心……因为人们喜欢春驹，所以我们也会很振奋。有时兴致上来了在一家就会表演3个小时……"

——快到正月的时候，大家会聚集在一起练习吗？

"快到正月的时候，出去表演的人们会聚集在一起练习三天左右。各组人马都会想方设法琢磨出一些新办法。最初是雄壮的春驹舞，然后在其中加入了佐仓宗五郎的口说民谣，最后又是节奏激烈的舞蹈。嗯，这就是基本的形式。在每年都请我们表演的老主顾家，大家会持续表演30分钟以上呢。"

——春驹被认为是吉利的，所以在哪里都受

欢迎……

"男人表演春驹被认为是吉利的。可是，女人表演春驹却被认为是忌讳，正月里我们都会回避，不进人家的门……去的时候算上行，还好说，回来的时候算下行，就不吉利。有时会遭到人家的拒绝……刚在第一户人家门前站定，立刻就会有人询问是上行的还是下行的。如果我们一说是下行的，人们就会说不吉利不需要……"

——早上得起很早出门吗？

"凌晨2点起床，出发时要注意别被人看见，夜里很晚才能回来。有时要步行5个小时到高野山山脚下的村落。回来的时候，腰腿都疼得厉害，身体疲惫不堪。"

"表演三吉的人虽然也算艺人，可是感觉人们背地里常说我们是来讨年糕的乞丐。于是，我们只好趁着大家都在睡觉，天还黑着的时候悄悄出门……不过突然闯进不熟识的人家时倒也没有受到过冷遇……"

"我家那口子因为生病而不能劳作了，可又得养育孩子们，老实讲又真是没有什么活计可干。卖艺还能讨得一些年糕之类的口粮，所以大家一起拼命努力练习……要是跳得好了，可以得到很多东西，多到包袱都包不下的程度。回来看到孩子们开心的样子，疲劳的感觉一下子就消失了……"

"也有人不卖艺，什么都不做，就只是讨年糕。这些人可能是没有什么东西可以给孩子吃了，已经被逼得走投无路了吧。他们只把家里放着的大黑神往脖子上一套，嘴上说着'财神爷、大黑神，都降临了。请供奉'，只是低着头……"

回忆往昔令人心情沉重的时刻

说这番话时，老人们都是热泪盈眶。回忆往昔时会有一瞬间令人心情沉重。

"在经济高速发展的浪潮下，春驹最终也是会消失的。祭祀活动和盂兰盆会舞和以前相比都变得衰落了很多。

环境改善工程彻底改变了街区景致，可大家都欠着债呢……而且，从工作保障层面来看，还是和以前没有太大的区别。大家做的大多还是以土木工程等杂业为中心的活计。也还有很多人家吃了今天的没明天的。虽然的的确确现在是比以前好些了，但是歧视意识从根本上来讲还没得到大的改变……"

稳重而又安详的故老们回忆起以往的事情都很投入，忘记了时间的流逝。他们至今心底里依然有着一边与歧视现象做斗争一边生存的昂扬气势。"如今的年轻人们啊，你就是给他们讲以前的事，他们也不理解喽。"他们这样说着，却又都对自己曾经辛苦的劳作无法忘怀，并深感自豪。

访谈结束后，我在夜里很晚的时候经过了最胜寺门前，可以看到江户时代初期建的山门上长苔的古老的兽头瓦浮现于皎洁的月色中。这兽头瓦在数百年间宛如守护神一般，守护并见证着这个部落的祖先们艰苦的生活。

因为工作关系,部落的人起得都很早。大家在这个时候都已沉睡了。看不见人影,在秃山的山麓一带一点动静都没有,只有海岸的气息乘着初秋凉爽的夜风从远处飘过来。

II

木偶戏巡演三百年

图2-1　日本鸟取县圆通寺木偶保存会的现场演出

11. 雪夜啜泣的胡弓

行走在积雪深深的若樱古道

今年的春天来得有些迟。3月16日应该已是从南国传来樱花信息的时节了，但若樱古道位于大山深处，它穿越播磨①至因幡②，还到处都是残雪。不知是否由于周末，从大阪翻越日本中国地区山地开往鸟取③的大巴，满满当当都是人。

过了北播磨的中心梦前和山崎④的街区，逐渐开始爬坡，大巴气喘吁吁地到达了海拔接近1000米的户仓坡。这里以大片的山毛榉原生林而闻名，但面前是超过一米的雪墙，基本上什么都看不见。这里有7个急拐弯，每次拐弯时，大巴都一边驱动着车轮一边小心翼翼地下着陡坡。

为进行此次调查，我努力收集了从古传承至今的木偶

---

① 播磨，日本古地名，指现在兵库县的西南部。
② 因幡，日本古地名，指现在鸟取县的东部。
③ 鸟取，日本地名，鸟取县位于日本的中国地区面向日本海的一面。鸟取县的首府是鸟取市。
④ 梦前、山崎，日本地名。

戏的相关资料,并认真细致地做了事前调查。即便如此,还是有些书没读完,因此,我在大巴上也一只手拿着红色铅笔继续阅读资料。

在数量众多的资料中,特别具有参考价值的是永田衡吉超过800页的巨著《日本的人偶戏》(『日本の人形芝居』錦正社、1969)。

从古代遗迹、古坟中出土的"人形"具有人的形状,它们从弥生时代开始进入人类生活史,这本书就从考察"人形"作为"人偶"的意义开始。然后,书中设定了"人偶咒术→木偶戏→木偶剧"三个发展阶段,即从"人形"以来的"咒术→戏耍→演剧"三阶段,探查了日本各地现存木偶戏的历史。这是作者长年累月用自己的脚走出来的详细报告,是非常珍贵的调查记录。

全国木偶戏的"剧团"①,包括所有的种类,至今为止被确认的有226处。其中,由三人操控的"文乐式"② 木偶戏有141处。虽然这些就已经过半数了,但保存至今的只有其中的58处。关于我第二天要去的鸟取县圆通寺的木偶戏,作者似乎对其土俗性的、古风古韵的演出方式非常感兴趣,在书中非常详细地谈了3次。

松田重雄的《因幡的木偶戏》(久松文库,1959)也是不容忽视的大作。松田是圆通寺当地的教育者,他不辞

---

① 日文原文为"座",含义较多,在这里指剧团、剧场。
② 文乐,即人形净琉璃剧。大正中期以后,文乐座成为唯一的专门表演人形净琉璃的剧场,故也把人形净琉璃称为文乐。

辛苦地努力，想把这具有古老传统的乡土艺术保存下来。

二战后，木偶戏逐渐被世间冷落，"成为故老们的怀旧话题，仿佛风前的烛火一般"，松田无法对此坐视不管。松田认为不能就这样任木偶戏消失，他多次访问曾参加巡演的故老们，把很多即将从记忆中消失的曲调记录了下来。他耗费了4年光阴终于写作成文的"情死节"① 也收录在此书中。

> 已经有十几二十年没有机会唱歌的老人们说，书都已经破了。书破了，就是说已经忘记了。有一首歌谣是反复再反复地访问了七八个人，每天晚上、每周日都听才连接而成的。老人们唱起歌来就像诵经一样，宛如行云流水。但是，一旦中途停下来，就必须从开头开始唱才能唱出来……眨动老眼，让思绪飘动，闭上眼睛，复苏记忆，老人们的脸上时而苦楚，时而悲伤，时而又露出明快的笑容……（选自《后记》）

经过这种不断的渗着血的努力，"在即将从这世上消失的一刹那"，在圆通寺的木偶剧场一直流传、表演着的14个剧目终于实现了书面化。松田一边参考诸多文献一边听着古老的曲调进行整理，他多次上书文化厅强调圆通寺流传的木偶戏作为文化遗产具有非常高的价值。因此，经过实地调查，1952年圆通寺木偶戏被指定为非物质文化遗产。

---

① 日文原文为"心中節"，这里意译为"情死节"。

消亡的门前戏

我正看着《日本的木偶戏》的插图照片，刚才一直在睡觉的坐在我旁边的老人醒来了，他带着有些惊讶的表情对我说："你真厉害，竟然在看木偶的书，你是表演木偶戏的吗？"

我微微苦笑着回答说："不是不是，我是要去调查残存在农村的木偶戏。"老人说，很久以前，因幡附近木偶戏很盛行，"但是，也已经没有了吧。我是种樱苗的，就住在山里的农村，很久以前，有一个木偶戏巡演团经常来这里。"

"是吗？很久以前是什么时候啊？他们是从哪里来的？大概有多少人？"

要想听听二战前的故事，这真是一个好机会，我于是挺了挺腰，面向老人坐好。这是位非常豁达的老人，对我执拗的提问都会唤起记忆回答。

"啊，是从哪里来的呢？是从鸟取县的各地来的吧。那时我们都还很年轻，不记得这些细节了。我父亲非常喜欢看，木偶戏一来就肯定要去看。但是，战争结束后，还是逐渐衰落了。年轻人还是喜欢看电影，来看木偶戏的大多都是老人。"

我问起圆通寺的木偶戏，他歪着头说："圆通寺？"仿佛完全没有记忆。于是我换了话题问道："木偶戏呢？正月里有没有到家门口表演呢？"

"木偶戏？……啊，我记得。是叫作木偶戏的，我们常叫作木偶。也叫作三吉木偶,一个人或者两个人,挑着放了木偶的箱子来到家门口。漂亮的女性木偶穿着美丽的和服。孩子们一群群地跟在后面。不过,战争结束后也基本看不见了。"

"这本书里记载了鸟取县三人木偶戏的9个剧团……"

图2-2 三吉木偶

我大致浏览了"日本全国木偶戏系谱和总览",刊载在我手头的永田衡吉最新出版的《活着的木偶戏》(『生きている人形芝居』锦正社、1983)的末尾。鸟取县的9个剧团中,圆通寺有两个。解说中说,下圆通寺"安政初发,大正废绝",上圆通寺"说唱调,原一人操控三吉木偶。无后继,中断,甚为可惜。希望能复活"。

"果然还是鸟取市内多啊。啊,也有从智头①和仓吉②来的啊。虽说如此,但就像这里写的,已经基本上断绝了。"

老人一边附和着,一边认真地浏览了一遍我拿出的资料。老人最感兴趣的是刊载在1929年《民俗艺术》正月号上的一篇题为"鸟取市附近的节日礼仪"的小文章。

老人一遍又一遍地读着这短短的复印的文章。这份杂志是1928年在柳田国男、折口信夫等的努力下而发刊的民俗学的研究杂志。

在这份杂志的各期上刊载了大量珍贵的实地调查报告,记载了如今已无迹可寻的农村的祭祀礼仪、祝福杂艺等。在其正月礼仪特集号上,刊载了吉村芜骨的小报告。在此介绍其中的一部分。

> 雪花静静飘落,皎洁的月光洒落在无垠的夜里,传来啜泣般的胡弓的声音,这是少数的同胞们来到门前表演"三吉木偶戏",带着哀音悲调的"情死节",是我们孩提时代最难忘的感伤的回忆,他们如乞丐般的装束是好还是不好,在是是非非的样貌论中,最终渐渐废弃,如今已然无影无踪了,这真是无尽的遗憾。

"啊,这里写到了三吉。"老人一边大声说,一边很怀念地回忆着从前,"这里的少数同胞是指部落民啊。以前也

---

① 智头,日本地名,位于鸟取县东南部。
② 仓吉,日本地名,位于鸟取县中部。

有大黑舞①、耍猴什么的经常来这里,那也都是部落民啊。"在这篇小文章里记录的是一边拉胡弓一边表演木偶戏的两三个人组合起来的门前戏,不过老人说:"我不记得曾经看过拉着胡弓的三吉木偶。"

"这篇文章是昭和(1926~1988)初期写的,说已经看不到了,所以大正(1911~1925)中期这种门前戏就已经消亡了吧。"

"这样的话,在我还是孩子的时候就已经消亡了啊。"

给人偶注入人的灵魂

因为下雪,大巴晚点了。到若樱附近时暮色已经降临,到郡家町(现八头町)时大巴已经完全被夜幕笼罩了。

"那么,继续说刚才的门前戏,部落民是从什么时候开始表演新春祝福戏的?我们了解得不是很深,为什么被歧视的部落民开始表演恭喜祝福的戏耍?"

他仿佛在担心这样问是否合适,犹豫了很久才提问。我一边给他看我手头的绘画和资料,一边简单地向他讲解日本民俗信仰中门前戏的历史。

自古以来,每逢初春、节分②、岁末等年中节庆,都有送福人③到各家各户送祝福。这源自每到特定的时节,神灵就会到访各家各户、站在门口送祝福的民俗信仰。门前戏

---

① 大黑舞,门前戏的一种。正月时,打扮成大黑天的模样,戴着面具和头巾,到家家户户的门口唱祝福的歌。
② 节分,指春分和秋分。
③ 日文原文为"祝言職",这里意译为送福人。

的艺人们就扮作神灵的代理人来访，因此也被叫作送福人。中世的门前戏，历史上有记录的有"千秋万岁"、松歌、惠比须戏、猴戏等。

"因此，到家门口表演的木偶戏也是从中世的时候就有了啊。"

"是的，因为木偶戏的历史可以追溯到平安时代的傀儡师。过了中世中期、进入室町时代，就出现了表演'惠比须'的人。他们大多是隶属兵库县西宫神社的低贱艺人，依然是继承了傀儡师的系统，到家门口表演木偶戏。他们把惠比须木偶放在箱子里抱着走，站在人家门口表演。'惠比须'是七福神之一，是海上、渔业、商业的守护神，因此，惠比须戏被看作新春的祝福戏受到了人们的欢迎。"

"这样啊。一说起木偶，我们就觉得是小孩子们的玩具，原来从民众信仰的历史来看，有这么伟大、深厚的意义啊。"

我解释说，"人偶"，也就是木偶，从宗教成立以前的巫术阶段开始就具有双重意义。其一，作为祭祀时巫师手里拿着的道具，即"人形木偶"，是降临到人世间的神的模样。

其二，人偶被看作人的灵魂的容器。例如，把疲劳、老化的灵魂装到人偶中，人的灵魂就会返老还童。这一仪式是展现巫师本领的看点。如今残留在各地的"人偶漂流"的起源，实际上就在这里。三月初三女儿节的傍晚，漂流在大海、河流里的人偶，都是送神的人偶，就是让大海和河流把装满了污秽灵魂的人偶带走。

图 2-3　惠比须戏（《人伦训蒙图汇》）

背负神佛的远方来客

正因为有如此的源流，所以舞弄人偶的艺人们自古以来就有一种让人敬畏的感觉。他们可能在古坟时代后期就已经存在了，操控、舞弄人偶的人，处于"圣""俗"未分化的阶段，带有浓厚的巫术艺人的色彩。

之后，随着天皇王权的成立、朝廷祭祀礼仪的制度化，这些继承了巫术艺能系谱的人们，被视为违反国家宗教"惑民"的人，逐渐被驱逐到身份制度最下层的"贱民"的范围里。《古事记》《日本书纪》中，到处可见这些巫术艺人经常受到朝廷镇压的记录。

这些行走于各家各户门前送祝福的艺人们，作为身后是神佛之姿的"远方来客"受到敬畏，但实际上，他们也作为从门口走到门口的漂泊的"异人"而受到蔑视。

换言之，当有重大节日仪式的时候，他们作为"神的代言人"受到款待，但在平常普通的日子里，他们就是站在门口乞讨的"乞食者"，受到蔑视。

不过，发源于此的木偶戏，从中世末开始也与其他诸种艺能相结合，发展成为木偶剧，到近世发展成为人形净琉璃①，完成了艺术化，并与"能"、歌舞伎并列为誉冠世界的日本的三大国剧。

这些代表日本的艺能中，"能"被称为"乞食职业"，歌舞伎被称为"河岸者艺能"，从这里也可以清楚地看到，中世以来的门前戏、大路戏都是后来各种艺术的母胎之一。这些全都是日本贱民文化的光荣产物，他们一边承受着严苛的歧视和压制，一边作为勉强维持生计的职业而发展起来。在大巴到鸟取之前，我努力地做着说明，并这样做了结论。

"啊，的确。"老人一边听我说一边不停地点头，"虽然不是全都懂，但学到不少东西"。他用力地和我握了握

---

① 人形净琉璃，日语为"人形浄瑠璃"。在本文中，"人形"根据其场景和意义分别译为"人形""人偶""木偶"，"人形浄瑠璃"意"木偶净琉璃"。不过在汉语中"人形净琉璃"已经成为一个固定用语，因此，在本文的翻译中，"人形浄瑠璃"统一译为"人形净琉璃"。

手,在鸟取站的前两站下了车。

在终点站,椋田升一君来接我了。他是我的学生,大学时是部落研究解放会的会长,非常活跃,现在他回了家乡,仍然奋斗在解放运动的第一线。我第二天要去探访上圆通寺,他就出生在上圆通寺的邻村国安村,之前他也寄给我一些因幡木偶戏的资料。

当天晚上,他帮我安排了一个探讨部落问题的机会,以奋斗在解放教育前线的学校的老师们为中心,也邀请了部落青年们参加。我也很想多了解一下鸟取县的部落历史和现状,因此一边喝着酒一边聊起了各种话题。我一边想着刚才在大巴上和老人的对话,一边慷慨激昂地讲了作为日本文化史巨大的地下潜流的贱民文化。稍微晚些时候,现在在圆通寺学习木偶戏的年轻人也来了,又热闹了一番。聚会结束的时候,都已经过了夜里11点了。

12. 在河岸举行的歌舞游行

古海河岸的歌舞游行

第二天一大早，接待人员西村寿幸就来接我了。当天的计划是，从中午开始要沿着千代川逆流而上去上圆通寺，然后在那里与西村清市见面。

圆通寺的人偶剧有超过200年的历史，创始人是第一代团长藤右卫门。西村清市就是自藤右卫门以来的第六代团长，也是圆通寺木偶保存会的负责人。晚上，我观看了在部落的公民馆里搭建的正式的舞台上进行的现场演出，之后又和部落里的老人们交谈。

接待我的西村寿幸是解放新闻社的鸟取分局长，他负责组织鸟取县各部落的各种活动，因此关于县内的各部落，他事无巨细都非常熟悉。在此次的访问调查中，他也为我做了各种各样的准备。他说："上午没什么安排。我们去逛一下鸟取市内的几个部落吧。"因此我提出希望能去千代川沿岸的几个部落，特别是古海部落。

"古海"这一地名，出现在平安初期的《和名抄》

12. 在河岸举行的歌舞游行

中。我认为古海部落的存在在鸟取的部落史上具有重要的意义，因此特别想去看一看。在我调查过的鸟取池田藩的艺能史中，经常出现古海河岸和其相邻的古市河岸的名字。

例如，铃木实在《鸟取池田藩艺能记录的发掘》(「鳥取池田藩芸能記録の発掘」『東京大学人文科学科紀要』9、13、16号)中对鸟取藩的公文文书《御在府御在国①日记》《御祐笔②日记》《御目付③日记》等，做了翔实的调查总结，其中提到，元禄九年（1696）三月二十一日高草郡村长提出了以下请愿书。

> 提出近期申请。请求将歌舞伎表演之场所定于古海河岸……

这是从畿内地区请了艺人做了37天的歌舞游行。元禄十年（1697）的条目中有很多在河岸举行歌舞游行的请愿书，似乎都是当地的歌舞伎团的表演。

在此举出几条这样的记录，如"古市河岸木偶戏"（三月十六日）、"古海河岸木偶戏"（三月二十日）、"古市木偶戏场地"（三月二十五日）、"古市河岸木偶戏"（四月初五）等。因为还记录着"古海剧场前茶屋""古海木偶戏团的茶屋町"等，可见在古海河岸还有茶屋，在歌舞表

---

① 在府，在江户府履职。在国，在领国、藩国履职。
② 祐笔，武家的职名，为贵人撰写文书的官职。
③ 目付，武家的职名，服务于主君的监察官。

演时一定非常热闹。文政十二年（1829）出版的《鸟府志》中关于古海河岸记载如下。

> 河床上青草苍苍，在河边长二三丁①、宽四五十间②的地方，都是宛若洗过一般的石头，非常洁净，无法用言语表达。每年放烟火或者诸寺院举行河岸施饿鬼仪式③的日子，僧俗男女都群集于此。灯笼漂流之夜，更为热闹。还有相扑、木偶戏等表演。

这则记录撰写于元禄时代130多年之后，这里与从前一样，有木偶戏，有歌舞表演，有繁茂的青草，有干净的小石头；河岸一点都没变，依然十分热闹。

宽政七年（1795）的《因幡志》中写着，茶屋位于河流中的小岛上，有清扫工看门。关于古海村，写着有80户人家，其中"秽多"14家，"有渡舟者，由本村的秽多担任"。

从各种史料中可以清楚地看到，如京都的四条河原、大阪的道顿堀河原等，各地都有历史悠久的"秽多村"，他们掌管着河岸上的歌舞表演权。在鸟取藩这里，关于艺能的游行有严格的审批、监督制度，那么古海部落是如何开展河岸表演的呢？这还不得而知。在河心小岛上的茶屋有所谓"清扫工"，他们可能也来自"秽多村"。后来我又问

---

① 丁，同"町"，指一个街区。
② 间，日本古代的长度单位。实际长度不一定，平安时代约为10尺左右，15世纪末约为6尺5寸，德川幕府1649年规定1间为6尺，多用于日本关东、东北地区。
③ 施饿鬼，佛教中布施孤魂野鬼的仪式。

了一下西村清市，据他所说古海也有制作木偶头部的木偶师，似乎和木偶戏有某种联系。

图2-4 1980年代的古海地区

温情的生活

过了千代桥，河边就是古海部落了。哪里是曾经的古海河岸呢？我一边过千代桥，一边环视周围的河岸。和江户时代的古地图相比，现在的地形已经发生了巨大的变化。一到雨季水量就会急剧增加，猛烈的雨水夹杂着泥沙侵蚀着河岸。水路屡屡发生变化，因此河川的改造治理也不停地进行着。每次发洪水，河岸的模样都必定会发生翻天覆地的变化。

过了桥，就是古海部落。从大道上稍微下点坡就到了村内。我马上就看到，村子整体是低矮的潮湿地区。最近已经改观很多，但以前在村子一侧连堤防都没有，所以每次发洪水村子都会受到巨大的损害。古海周围有很多古坟时代的遗迹，现在也还在进行着发掘工作。千代川的河口周围自古以来就是人们定居的地方，在考古学上非常重要。

虽然我是突然造访，但在小小的古旧的邻保馆①里，偶遇了两位妇女部的工作人员，他们给我讲了很多关于当地生活的旧事，又带我参观了部落的角角落落。

如今的古海部落大约有282户、1200人，是鸟取县内的第二大部落。这里从二战前开始就没有什么像样的工作，依然是很贫穷的部落。有几户人家从事着小手工，也有很多人做着鞋带工厂的外包工作。有两三家做太鼓的，也有几家用马车拉货的。但只靠这些还是不够生活的，妇女们都从事着稻草编织的工作。

二战后，这些工作也都消失了，他们只做些土木工作。因为待在这里也无事可做，所以很多人远赴京都打工。这里也因位于城下町②的入口处，所以从江户时代开始就非常具有都市型的特征。

鸟取市内有22个部落，但由于古海并没有像样的部落产业，所以生活很贫困。因此其他部落经常说古海是"只有今天的生活"。"哎？只有今天的生活？"我没有马上明白其中的意思，反问道。

"啊，简单来说，就是只有当天的生活。虽然明天不知

---

① 邻保馆，相当于社会福利中心。
② 城下町，日本从战国时代到江户时代，以大名的城堡为中心发达起来的街市。

道会怎样，但至少今天要这样那样地生活下去……"

"然后，这个村就有了个绰号，叫作'燃烧的稻草堆'。因为很多人从事稻草编织的工作，所以经常发生火灾。"

这里以前是伯耆①古道的渡口，因此经常有巡拜灵场的人②、贫穷的流浪者等往来于此。古海部落的人们虽然很贫穷，但非常重人情，经常照顾几近倒下的流浪的旅人。

"我们小时候，就算今天的食物不够，父母也会留宿他们，给他们东西吃。连米饭都没有的时候，就去向邻居借。大家围坐在炉火边，一起烤腌制的沙丁鱼。现在一吃沙丁鱼就会想起以前的光景……"

"另外，村里有很多五环塔。那也是很古老的东西。老人们常常说，五环塔也是我们的祖先为祭奠那些可怜的客死旅途的人们而建的……"

流浪旅人的五环塔

听过了村里的旧事，我们去看五环塔。部落里的环境改善工作只在一些地方进行着，狭窄的道路上，排列着一排排旧房屋。有的房屋屋顶都掉了一半，柱子也歪歪斜斜的，好像马上就要倒了似的。到处都还保留着二战前的样子。

五环塔也叫作五环卒塔婆，象征着地、水、火、风、空，是由石头堆砌而成的五层小塔。从平安时代中期开始

---

① 伯耆，旧国名，现在鸟取县的西部。
② 空海和尚修行曾留下88处灵场，很多人到这88处灵场巡拜。

就建作祭奠塔、墓碑，现在保存在各地的，大多是室町时代到战国时代的。

建在高野山的贵族、武士等上层阶级的塔高大而壮丽，彰显着他们身份的高贵。因为是由优质的石材建筑而成，因此虽然历经数百年，今天依然保持着昔日的模样。庶民的塔就只不过是用从周围捡来的石头，很小心地堆叠起来而已，因此很容易风化，也有很多已经坍塌，看不出来五环的模样。

古海的五环塔，我看到的就有 10 来处。它们被安放在路口死角的角落里、家门口等处。由于石头风化而形状崩毁的，就把几个塔放在一起祭祀。由河边的石头堆成、只有两三环的塔也不少。

我想起了佛教故事中出现的赛之河原①上的小石塔。每个小石塔仿佛都诉说着一个哀伤的故事，让人想起在这里了却一生的漂泊民临终的悲哀。每个五环塔都放在一个小祠盒里之类，装饰上漂亮的花，供奉着香、花、烛火等。

"大家都说这是孩子的守护神，家家户户都小心翼翼供奉着。每天早晨都这样供花、祭拜……"

虽然他们都是如此和气的人，但在村子举行祭礼的时候，部落的人却不能参加。说他们碰一下就会把东西弄脏，因此也不许他们舞狮子。大正初期发生了这样一件事，部落里的年轻人终于无法忍受这样的歧视，在一天深夜里扛起了狮子，但马上就有人报告警察，大家都被抓了起来。

---

① 日文原文为"賽の河原"，在佛教中是地狱的边界。

据一位老爷爷说，明治时代，在小学里用竹栅栏把教室分开，在低矮处土房子的地面上铺上席子，部落民的孩子只允许坐在那里。

听说有一位老先生虽然早已经过了 80 岁，却收集了各种文献来调查古海部落的历史，我于是去拜访他。在他的院子里也有五环塔。我们只是站在玄关说话，但房屋里有个很大的佛坛，非常引人注目。他拿出很古老的史料和地图，向我解说古海的历史。

非常遗憾，这次访问来去匆匆，没有充裕的时间。我们在小店里吃了便宜而美味的午饭后，就约定再会，离开了那里。

千代川的阶梯式房屋

从古海到上圆通寺，沿着千代川有大约一万米的距离。我们沿着堤防一直向上游方向行驶。走了大概 5 千米的地方，这里的河流宽度也还有 100 米。西村寿幸多次把车停在堤防上，用手指着这里那里，为我进行亲切的解说。

"因幡的部落，基本都是紧靠河边的，不论哪个部落都和千代川有着深厚的渊源。我觉得这是鸟取县被歧视部落形成史上非常重大的问题……"

"有部落的村子，很多都分成上下两部分。不论在哪个村里，就像大家说的那样，部落都位于下的部分。就连地名都受到歧视。但是，不知道是什么原因，只有圆通寺的部落是位于上的部分。"

途中我们顺便去了叫"下味野"和"国安"的部落。这两个部落好像改善工作进行得很好。但他们也都紧靠着堤防下，随时都会有遭受洪水的危险。在国安部落，直到数年前，在河岸的三角洲地区还有墓地。在江户时代他们只能住在河岸那里吧。

在前面提到的史料中，元禄十年（1697）二月，有一份请愿书以国安村久左卫门的名字提出，请求表演木偶戏。是当地就有木偶戏团呢，还是从其他地方请人来表演呢，还不得而知。而且请愿书还写着表演后如果还有余钱，"希望也能补充大米借给大家"。这一表演大概是为救助挣扎于贫困生活的庶民而举行的吧。

因为顺便去了很多地方，所以到达西村清市家已经是下午3点了。因为被告知西村清市正在公民馆开会，所以我决定先去部落周围走一走。不论在部落的什么地方，都传来千代川哗哗的水声。千代川在这里急速抵达圆通寺部落，转而向北。在流向改变的地方，水流变得很急，冰雪融化而成的水湍急而下。

部落下方的石墙边有水堰。水堰可以调节水位、流量，汲取生活用水。村子背后是叫作八坂山的高约200米的山。从八坂山的山腹到千代川的河岸是坡度很急的倾斜地带。我现在所在的上圆通寺部落，就位于这倾斜地带上。在没有堤防的近世，从山脚到河岸应该是有村子的，大概随着每次洪水冲击，下面的部分不断被侵蚀，所以村子被不断撵到山腹地区了吧。

图 2-5　千代川河畔的圆通寺地区

不过，在这里，上游周围、中国山地的重峦叠嶂一览无余，景色实为天下第一品。

二战前，这个部落被称为阶梯式房屋。这大概是由于从河流往上看，正如人偶坛①一般，在山腹处一排排的房屋一梯一梯地密集排列着。当然，这里并没有适合做田地的土地。从前，这里到处都种着梅花，一到春天，梅花盛开，从远方看去，就仿佛是美丽的人偶阶梯一样吧。

---

①　日文原文为"雛壇"，指女儿节时摆满木偶装饰的阶梯式的架子。

13. 福神信仰与大黑舞、惠比须戏

两百年前的圆通寺村

据两百年前撰写的《因幡志》记载，圆通寺村有72户人家。这是包含了上的部分和下的部分的户数，上的部分大概只有二三十家吧。现在上圆通寺的户数正好是100家。他们不断地受到洪水的威胁，聚居在狭小的倾斜地带。就算是发生火灾，情势危急的时候，消防车也进不来。自来水的开通是1969年，在此之前都是汲取千代川的水作为饮用水。

经过长年累月的解放运动，1972年，通过小村落改善工作，一半的户家迁移到千代川的对岸。那里以前是耕地。从前，大家都是挑着很重的肥料桶去河对面耕种零散的田地。

历史书上写着，八坂山上有个洞穴，据说"八百比丘尼"曾经住在里面。我从很早以前就对八百比丘尼的传说非常感兴趣，因此问寿幸能否爬到那里去。他回答说："我们年轻的时候经常爬到那里，的确有个石窟。不过现在已经没有路了，野草丛生，大概没法爬上去了吧。"

八百比丘尼是一个尼姑，传说她吃了人鱼肉，保持着年轻小姑娘一般的容颜一直到800岁。

以若狭地区为中心,各地都有讲述"八百比丘尼"足迹的遗迹,她作为长生不老、喜结良缘的神灵,直到现在依然有人祭拜。当然,她是从古老的巫术信仰中产生的传说中的存在。或许是从周游列国的巫女们边走边讲述的民间传说中产生的吧。就连一直被流传讲述的遗迹周围的人们,也已经忘记了她的由来,将要泯没在历史的阴影中了。

这样自古以来的传承还保留在近旁的后山上,这似乎告诉我们,这一民间传说的传播者们,曾经就住在这附近。

大黑信仰与惠比须信仰

日本山阴地区从东往西是因幡、伯耆、出云、石见,这里自古以来就被称作神话与传说之国。除了著名的"牵引国土""因幡白兔"的神话之外,自古还流传着很多和日本海的大海、大山信仰相关的民间传说、民间故事。在民俗文化的传统方面,例如和畿内地区就非常不同,保留着非常独特的痕迹。

这一地区,从地理上一看就会明白,从绳文、弥生时代开始就和朝鲜半岛有密切的交流。这在"记纪"神话[①]中也有清楚的描述。到了8世纪时,天皇家编纂了《日本书纪》,其中把从高天原降下的大和朝廷的诸神称作"天神"(天津神),把以前住在这片国土上、臣服于天皇家诸

[①] 指《古事记》和《日本书纪》中记载的神话。

氏族的神灵称作"地祇"（国津神）。从"天神"和"地祇"这两个词的表述中也可以看出，众神的神位被区别化、序列化了。也就是说，在众神的称呼中，就明显地表现出了"征服/被征服"的关系。从这一点上也可以看出，出云系统的神话在日本神话中具有重要的意义。

说到山阴，经常会让人有远离都城、山高雪深的印象。但是，事实与此相反。由于黑潮的支流——对马海流经过近海，所以这里与北九州也关系紧密。从古时候开始，这里就出产铜、铁、玉、陶器，具有独特的文化版图。

正如"八云立出云……"① 所言，在歌谣、艺能方面，这里也是日本文化的源流之一。看一下这里的奈良时代的寺庙遗迹、条里制遗迹就可以看出，这里很早开始就和京都、大阪等先进地区有了交流。在"延喜式"中，把各地的藩国分为大、上、中、小4个等级。山阴道8国中，主要的藩国都是位于第二等的上国。同时，按照距离京都的远近，藩国又分为近、中、远三个等级，因幡是其中的近国。

以"大国主命"为主神的出云信仰的起源非常古老。"大国主命"作为姻缘、农业之神，逐渐赢得了民众的笃信。从室町时代开始，人们把来源完全不同的神强拉在一起，把他们当作"福神"来信仰的风俗在广大庶民间流行开，如"大国主命"和"大黑天"，或者大国主命的儿子"事代主命"和"惠比须天"。②

---

① 古代诗歌中的歌词。
② "命""天"，都是神的意思。

"大黑天"非常福态,带着头巾,左肩上扛着一个大布袋子;"惠比须天"笑眯眯的,头戴风折乌帽①,钓了一条加吉鱼——即使在今天,人们也称他们为"大黑""惠比须",在七福神中也作为最能给人们带来福祉的神,受到人们的喜爱。

如后文所述,他们被吸收进门前戏,从"大黑"到大黑舞,从"惠比须"到惠比须戏,在街头巷尾广泛传播,而且成为数量众多的门前祝福戏中最有名的艺能。

"大黑天"在印度本来是呈现出愤怒之形的,是印度教中非常厉害的战斗之神。在佛教和印度教融合而成的密教中,他是自在天的化身,既是愤怒之神,也是守护之神。自在天在印度被称为摩诃迦罗,他本来是大日如来,为了降服可怕的夜叉神荼吉尼天而变成了愤怒之神。

从战神到福神

随着佛教的传入,"大黑天"信仰也传入日本。虽然"大国"和"大黑"在音韵上的类似促进了两者的结合,但真正推动了二者融合的是天台密教。"大黑天"一开始是家家户户置于厨房的厨房之神,后来又成为丰收和买卖兴隆的福神。

也就是说,在印度,"大黑天"是愤怒的战神,他经过中国到达日本后,变身成为众所周知的福德圆满、笑容满面的神,其实体似乎完全被替换了。

---

① 风折乌帽,顶端折下来的黑帽子,因为像是被风吹折了一样而得名。

关于"惠比须"信仰的起源有各种各样的说法，但一开始是"海上的人们"即渔民之间发起的吧。"惠比须"来自表示异乡人的"夷"①，意思是从遥远的他乡带来幸福的神。也就是说，"惠比须"是一个民俗神，属于"远方来客"信仰的谱系，兵库县的西宫神社被认为是其大本营。作为"生活在海上的人们"的神，"惠比须"是海上安全和渔业的守护神。到中世末期，他又成为守护家业、带来幸福的商业神，受到人们的广泛信仰。即使在今天，西宫神社的惠比须神作为"买卖兴隆"的惠比须信仰的祖神，聚集了非常多的人气。

总之，"大黑天"是佛教系神，而"惠比须"是神社系的民间信仰神。而这两者，不知从何时起就逐渐融合，成为"福神"了。关于这一问题，喜田贞吉做过基础研究，其总结如下。

> 而且由于神佛习合，惠比须和大黑天融为一体，成为授予人们食物和财物的现实性的神，商家的惠比须讲、农村的惠比须舞等，都作为民间信仰得到了广泛传播。（「福神研究号」『民族と歴史』、1920）

大黑舞与惠比须戏随着室町时代兴盛起来的"福神信仰"一起发展起来，而契机就是上门表演的祝福戏。社会底层的流浪艺人们之前一直从事着各种杂耍，他们迅速将

---

① 在日语中，"惠比须"和"夷"的发音是一样的，都是 ebisu。

目光转移到流行中的"福神信仰",费尽心思把其应用到戏耍中,并将其发展成为门前戏。

我调查了在各地被歧视部落中传承的艺能传统,发现大黑舞最多。其次是念佛舞和春驹舞。而惠比须戏作为独立的演出似乎在不断减少。有的地方也同时演出大黑舞和惠比须戏。

特别是在山阴、中国地区,也由于出云信仰的关系,作为初春门前戏的大黑舞,以民俗仪式的方式深深地渗透民间。

在京都,16世纪中期的天文、永禄年间,还留下了惠比须戏经常入朝廷表演的记录(《御汤殿上日记》《言继卿记》等)。

而在民间,在此很久之前,很多木偶戏的团体就继承了中世初期傀儡戏的谱系,活跃在日本各地。当然,那时的木偶戏是把木偶挂在脖子上,一个人表演的。

其中非常著名的就是居住在西宫社散所的傀儡戏子。西宫社的分社惠比须社里祭祀着惠比须神,戏子们作为惠比须神的代言者,走到家家户户门前送祝福。但是,如果仅仅是耍木偶的话,就难免单调,人们马上就会厌倦,因此他们大概是模仿能剧的动作,或者一边说唱着当时流行的讲经歌谣一边耍木偶的吧。

即使是和京都渊源颇深的山阴地区,从中世末期开始惠比须戏子就在那里表演了。他们吸收当地的大黑舞后,就开始用木偶来表演大黑舞了。

14. 装饰新春的美丽的木偶姑娘

木偶姑娘和三吉木偶

第六代团长西村清市的家坐落在千代川的急流之上，哗哗的水声不绝于耳。我们到时他还没有回来，因此我们决定到他家里等他。

打开面向河流的书房窗户，沿着墙壁摆着一排木偶。盛装的木偶们全都看着这边。不，是让人产生这种感觉。和人一般大小的木偶们，都一齐凝视着这边，仿佛要和我们打招呼一般，这种氛围让我进入一种不曾体会过的、不可思议的境地。

最前面的木偶姑娘映入眼中。"啊，这就是有名的三吉木偶。"旁边是一尊凛然的年轻武士，他很威严地注视着这边。我马上明白，这是平井（白井）权八①。在他旁边是一个町人②木偶，他满脸怒气、双目圆睁。这个木偶大概是

---

① 平井权八，江户前期宽文、延宝年间的武士，鸟取藩士。杀人后逃亡，与妓女小紫相好，杀人越货，延宝七年（1679）被处死。是歌舞伎中白井权八的原型。
② 町人，居住在城市里的商人、小手工业者等。

用作大黑舞里的要造吧。

到近旁细看，每个木偶都有着独特的表情。穿的衣服也是细心缝制的精品。松田氏在书中说，大城市里文乐系木偶的衣服是直接引进了歌舞伎演员的服装，是一模一样的。但是这里的木偶却穿着与江户时代庶民装扮一模一样的服装，从风俗史的视角来看，这也是非常有趣味的。

图 2-6　西村清市（在西村家）

三吉木偶是独具因幡美的木偶姑娘，又年轻又美丽，胖乎乎的，这在其他地方是看不到的。头上戴着亮灿灿的头冠，衣服也非常华丽，非常适合年轻姑娘。这种织物大概是叫有禅织物吧，以红色为基调，镂织着黄色、紫色、桃色、黑色等花纹，多彩而华丽。她的目光充满了蛊惑男人的魅力，鼻梁高挺，双唇紧闭，脸颊粉嘟嘟的，显得又有朝气又有福相。这个木偶的确非常适合初春的祝福戏。

以前的三吉木偶眼睛、嘴巴、眉毛都不会动,是非常简单的,与现在的木偶相比个头也比较小,是一个人表演的。在盛大的节日里,部落民一边舞动着木偶,一边行走在村村落落。而现在的木偶头部就有4寸左右,眼睛也会动,是由三个人操作的。穿上衣服后身高就超过一米了,也非常重,单靠一个人是怎么也舞不动的。

为何叫作三吉木偶

这个美丽的木偶姑娘,为什么被叫作三吉木偶呢?据松田氏的考证,有三种说法。

(一)以前有叫三吉节[①]的歌,如今已经佚失了,三吉木偶就是和着三吉节舞蹈的。(二)三吉木偶是和着三味线、太鼓、胡弓这三曲而舞动的,三曲后来讹传为三吉。(三)有的地方把春驹[②]叫作三吉,人们是舞动着木偶跳春驹舞的,因此春驹木偶就被叫作三吉木偶了。

不管怎么看,(一)和(二)都有些牵强附会,三吉木偶的起源很明显是(三)。

冬天,人们蛰居于家中。到了初春,各种祈愿新年稻作丰收、养蚕丰饶、家宅安全、买卖兴隆的门前戏就来到村里。

---

① 三吉节,日语为"三吉節"。
② 春驹,即春驹舞,新年伊始,艺人手持马头道具,载歌载舞,挨家挨户送祝福的舞蹈。

据《人伦训蒙图汇》记载，元禄元年（1688）左右，大约有40种门前戏。其中最兴盛的是万岁舞、春驹舞、大黑舞、惠比须舞、猴戏等。

春驹舞是在全日本流行的门前戏，但很多地方并不叫春驹舞，而叫作三吉舞。马头模样的头具，叫作马头木偶。也就是说，这种祝福舞蹈舞动的不是人形木偶，而是马头形木偶。而且舞动马头的舞者，也被看作马夫，叫"三吉"。

为什么马夫叫作"三吉"呢？其出处在人形净琉璃《恋女房染分手纲》①。这一作品改编自近松门左卫门②的《丹波与作待夜小室节》③，于宽延四年（1751）在竹本座④初演。

在著名的"重井别子"⑤一幕中，重井在义理与人情的矛盾纠葛中，无法与当马夫的儿子三吉相认。"坂照晒，铃鹿阴，其间土山雨纷纷。"⑥一边唱着马夫歌一边诀别的场景，赚尽了庶民的悲情之泪。这一故事也搬上了歌舞伎的舞台，大受好评。从那时起，"三吉"就成了对马夫的

---

① 日文原文为"恋女房染分手綱"，"恋女房"即爱妻，"染分手綱"即由红色、白色绳子编成的红白相间的缰绳。净琉璃剧目，改编自近松门左卫门的《丹波与作待夜小室节》，共13幕，第10幕的《重井别子》非常有名。
② 近松门左卫门，江户中期著名的净琉璃、歌舞伎剧本作者。
③ 日文原文为"丹波与作待夜小室節"。"丹波"是旧国名，相当于现在京都府中部和兵库县东部。"与作"是丹波的地名。"待夜小室"即在小房间里等待夜幕降临。"節"即歌调。
④ 江户中期大阪的人形净琉璃剧场。
⑤ 日文原文为"重の井子别れ"。
⑥ 日文原文为"坂は照る照る铃鹿は曇る、間の土山雨が降る……"。

爱称。

木偶的手垂下来的时候还不曾发现，仔细一看，三吉木偶的右手上还拿着马头木偶。去年，我在纪州汤浅部落看过春驹舞，那里的木偶就在右手上拿着40厘米左右的用木头仔细雕刻而成的马头。而且，没有拿缰绳，而是左手拿着系在马脖子上的细长的红布，和着热闹的歌调、激越的节奏热舞着。

三吉木偶的马头和汤浅马头类型相同，惊人的相似。而且三吉木偶也拿着同样的红布。

和三吉木偶并列、具有重要民俗志意义的还有要造木偶。要造木偶也是这一地区独有的木偶。据说，原来是把松树的老枝上长出来的叫"金造"的树瘤做成木偶的脑袋。突然睁开的又大又圆的眼睛，圆圆的鼻子，嘴巴或向左或向右歪着，故意显得不协调。虽然不够精致，但非常可爱，是非常适合狂言表演的木偶。

关于要造木偶的由来有很多说法，我认为这一名字来自万岁舞中的才藏。万岁舞是源自日本中世的祝福戏，由两个人表演，太夫陈述祝福的语言并跳舞，才藏是太夫的对手，担任惹人发笑的狂言方。才藏戴着大黑头巾，穿着紧口裤裙。要造木偶是仆人装束，和才藏颇为相似。

在圆通寺的木偶戏中，首先表演吉祥的三吉木偶舞。然后是平井权八等净琉璃或歌舞伎的曲目，而在穿插其间的狂言表演中，一定会演出大黑舞。这是圆通寺独特的演出方法。在大黑舞中，主人和要造主仆二人的对手戏构成

图 2-7　担任惹人发笑的狂言方的要造木偶

故事情节的中心。这在形式上和万岁舞非常相似。也就是说，主人相当于太夫，要造相当于才藏，是直接对应的。

这样说来，在木偶戏中同时吸取了万岁舞和大黑舞的形式。前半部分是主人和要造趣味横生的狂言对手戏，一下子让观众沸腾起来。后半部分是"看大黑舞，看大黑舞，下面是吉祥的大黑舞……"伴着热闹的歌调，跳起祝福的舞蹈。最后以"吉祥的大黑舞、千秋乐、万岁舞将祝福带给您"收尾。

一目了然，圆通寺特有的"大黑舞"是把自古以来的祝福戏万岁舞和大黑舞合二为一，精雕细琢后搬上木偶戏的舞台的。也就是说，现在保存在圆通寺木偶戏中的大黑舞是把中世以来代表性的门前戏万岁舞、大黑舞、惠比须舞——这三种艺术综合之后而形成的。

出现在京都、大阪的木偶戏，终于作为人形净琉璃登上了大都市的节日舞台。艺术方面也越来越洗练，逐渐脱去了土俗的气息。

但是，只有在圆通寺看到的保存了中世以来的古老模样的、充满了土俗气息的木偶戏，才是广受民众喜爱的木偶戏的原点。

独当一面四十年

千代川河畔，水声轰轰，如远雷一般。夜色渐渐袭来，河边的冷气不经意间漫到脚下。来自后山的夜风摇着窗户，哗啦哗啦地响着。

"啊呀，一直在准备今晚的木偶戏"，终于，西村清市匆匆地回来了。简单寒暄了一下，我们就从排列在房间四周的木偶开始聊起来。西村清市给我们讲解了各种木偶之后，话题就转移到木偶舞者的修习上。

——要成为一名独当一面的木偶舞者，必须要修习多少年？

"达到何种程度可以叫独当一面，这个没有明确的标准。从观众来看，操控得真好啊，真棒啊，木偶活灵活现啊，如果被人这么夸，就可以算独当一面了。要达到被人这样夸，怎么说呢，要40年吧。以前人们经常看木偶表演，眼光是很挑剔的。"

——年轻人学习都很努力，要达到像模像样大概要多少年？

"啊呀啊呀，很难很难。按照普通的训练程度，是很难达到熟练的。而且现在演出的机会很少,练习也无法进行,要达到像模像样要三年吧……现在也没有巡演,好不容易记住了木偶的动作,不久就忘记了。就算是我们,如果不经常练习,木偶在脑海里会动,在手上就动不了。在训练中如果不操控熟练,上台的时候手就动不了了。因此,如果不是不停地练习,那最后就算只操作三分钟,都会大汗淋漓……"

不仅木偶操控的修习如此,歌唱者太夫、三味线弹奏者的努力也是很艰辛的,他们必须坚持每天练习。如果一直休息,就会突然发不出声来。如果不坚持训练,马上就会气短,无法几个小时持续歌唱。即使是三味线,箍在上面的猫皮越是高档,就越要每天一点点地弹,否则就有弹破之虞。长年累月,不断精进,才能最后上得台面。

——以前巡演的时候,表演一个晚上,木偶大概要操作几个小时?

"啊,大概5个小时左右吧。不过,即使是表演一场剧,也不是毫无休息地不停舞动。如果毫无休息,身体会支撑不了。在以太夫的台词为中心推进剧情时,就把木偶像这样靠在肩头,稍微停下手上的动作。这时身体是可以不动的,即使如此我们也会保持这种姿势支撑着木偶。"

西村清市取过旁边的木偶,一边摆出那种姿势一边热情地讲解着。他已经61岁了,依然保持着古昔之风,德艺双馨,他腰背笔挺,端正地坐着和我们谈话。他心灵的暖意也会马上传到我们这里。"嗯,嗯。"他一边聆听着我的提问,慈目中泛起微笑,一边回答着。

——巡演的时候,会出去多少人?

"我父亲以前说过,大概十几个人。不过,就这些人,有时候也凑不齐。在巡演中,有各种表面上看不到的辛苦。表演大型剧目的时候,无论如何都要有好几个木偶上台。这时候,光负责操控木偶的主力演员——头部操控者就需要好几个人。但是没有那么多人。这种情况下,舞动木偶的时候,按照太夫的指示,其中一个木偶的表演者就找个空子一下子跑入后台,在幕布后迅速换装,然后再出来。这时观众就会欢呼,啊,又有新木偶出来了……"

图 2-8　太夫与三味线的练习

——的确，这就是所谓的迅速换装啊。

"木偶舞者是遮住脸部的。本来穿着条纹花样的衣服，迅速换上其他花纹的衣服突然出现，观众就以为是又出来了新的演员而欢呼雀跃。"

——的确啊。在外面观看的观众不了解，但是在后台有各种各样的辛劳。

"必须做到这样，以给观众留下有很多优秀木偶舞者的印象，否则是不行的。只要口碑有一点点变差，第二年就吸引不来观众了。"

——和其他的剧团一比较……

"是的。因为农村里娱乐活动很少，所以大家每年都十分期待，这也提高了大家的鉴赏力。因此，大家会马上和另外的剧团做比较。如果同一个人出来好几次，马上就会有人说，什么呀，这个剧团演员太少了。如果传出哪个剧团人少又很差劲的话，他们就再也不会来捧场了……"

全部重任都在团长的双肩上

圆通寺木偶戏的基本结构是由以下 7 个人组成：负责讲述故事并按照曲调歌唱的太夫，负责音乐伴奏的三味线、胡弓、太鼓，然后是负责操控一个木偶的三个人，即头部操控、左手操控、腿部操控。以以上 7 个人为基本架构，在舞台上演出木偶戏。

当然，如果舞台上有两个木偶，就需要 6 个人操控，如果有三个木偶，就需要9个人操控。太夫也是如此，如果一个人连续歌唱几个小时，声音就会嘶哑，因此，即使是一个晚上的表演，至少也需要有两三个人。因此，如果演出有三四个木偶出场的大型节目时，就至少需要十七八个人。

——要聚齐这么多人真是不容易啊。又不能带完全不懂的外行上台……

"是啊。但其实我们一直都没能组建成阵容这么豪华的剧团，人数凑不齐的时候，就只好十二三个人去巡演。人数不够的时候，我父亲作为团长也亲自上阵操控木偶，或者弹奏三味线、胡弓，或者敲太鼓。"

——也做过故事讲述者吧。

"是的，也作为太夫讲过故事，也唱过歌，什么角色都做过。人数少的时候，甚至同时担当三四个角色。比如演奏浪花节等节目时，就是太夫自己一边弹奏三味线一边唱歌的。"

——圆通寺木偶戏非常大的一个特征就是伴奏乐器中使用胡弓和太鼓吧。

"是的。其他地方的木偶戏中是不怎么使用胡弓的。"

——胡弓是从江户时代才开始使用的吧。

"从什么时候开始的不是很清楚，但好像很久以前就开始使用了。胡弓独特的音色非常符合情死节等特别悲怆的旋律。"

胡弓属于擦弦乐器，最早起源于印度地区。后分为东西两支，东行的一支进入中国成为胡弓，西行的一支成为小提琴系的乐器。胡弓的外形与三味线差不多，比三味线稍小。在主体部分箍上皮，有三弦或四弦，用白色马尾毛制成的弓弦擦出独特的音色。江户时代初期已经在使用了，起源有两种说法：一说为中国传入，一说为日本发明。圆通寺的胡弓是传自江户时代的。

胡弓的音色虽然低沉浑浊，但听起来反而哀哀怨怨，勾起人们心底的悲切。我们刚才看到的关于大正年间三吉木偶戏的记载就提到"那带着哀音悲调的'情死节'的曲调是我孩提时代最难忘的感伤记忆"。这也是因为其背后响着"啜泣般的胡弓音"。

——令尊作为剧团的主导者做了各种辛苦的努力吧。

"冬天的巡演接近时，就必须操心演出方面的准备工作……即使到要出发时，也有各种工作，如木偶的修缮、服装的整理等。"

——木偶的修缮工作也十分辛苦吧。

"因为有很多旧木偶。稍微老旧一些的木偶，如果就那么用的话，会出问题。如果不一一进行细致地修理，当出现大的动作时，马上就会坏掉。就算是我父亲，与在舞台上很帅地舞木偶的时间相比，实际上还是在家里吭哧吭哧修木偶的时间要多。"

——令尊真是热心于艺术啊。

"是啊，在我们小孩子们的心中，他也是很热心于艺术的人。一有空就在练习。那是什么时候啊，大概是战争刚结束不久吧，来了一个东京的研究生，大概是做毕业论文吧，他对木偶戏做了各种研究。我忘记是一周还是两周了，我父亲就一直待在他身边耐心地教他……"

说起江户时代的"团长"，意味着剧场的主人，是拥有开演权的，也叫剧场主。① 第一代团长多数是草创期时带领众人的著名的演员本人。为了传承剧团独特的技艺和演出方法，团长原则上是世袭的。

团长虽然是演出的主宰者，但同时也参与制作、演出，有时也作为演员登台表演。

当然，这都是在大城市的舞台上表演的大剧团的情况，乡下的剧团就算是团长，也没有这般的规格和权威吧。

但是，正因为如此，团长反而能体会到表面上看不出来的辛苦。团长既要照顾团员的生活，又要组织日常的技能练习、开拓演出地点，所有的重任都在团长的双肩上。

《因幡的木偶戏》刊载了从第一代团长藤右卫门到第六代团长西村清市的谱系图。在1939年的大火中，保存在剧团里的传记、歌本等古文书和很多木偶一起被烧毁了，因此很多事项都不得而知了，非常遗憾。

如果一代算30年的话，六代大概就是180年。而且，到剧团形成为止，一定有一段苦难的前史时代，因此，这一剧团的起源大概要远远超过200年了吧。

---

① 这里把日文"座元"译为"团长"，把日文"栌主"译为"剧场主"。

15. 异形的风俗、门前戏艺人的风姿

"异形之体"的新春祝福戏

关于流传在因幡地区的木偶戏的历史,宽政十一年(1799)一月的《在方御法度》①中有这样一则引人注目的记载。

秽多舞春驹、弹三味线之仪禁止。同时,除孩子外,大人手持春驹而舞之仪禁止。

如上所言,近来秽多恶俗相成,以诸种异形之体,以三味线取拍,四处巡回表演。此乃自从前以来之风习自当别论,但上述春驹舞之仪禁止。

另,从张幕木偶戏至春驹舞等,按照古法,止于三月三日。特此。

这则记录中包含着几个引人注目的事实。第一,以三味线为伴奏舞春驹。因为是"持春驹而舞",所以舞者应该

---

① 日文原文为"在方御法度",在方即农村,法度即法令,在方御法度,即农村禁令之意。

是一边拿着马头形木偶舞动一边来陈述祝福之词的吧。或者像在单人的门前戏中的三吉木偶一样,舞动的是手里拿着春驹的木偶。

第二,恶俗的"异形之体"。读一下当时的藩令可以知道,藩令中多次传令要求身份低下的人穿朴素的服装、保持节俭的生活。因此,这里的异形应该是指与平时不一样的、非常奇怪而华丽的服装。看一下当时的风俗画就可以知道,门前戏的装扮都是非常独特而引人注目的。

例如,在大黑舞中,艺人头戴深红色的缩缅①帽子②,扮成大黑神的模样。在节季候舞中,艺人系着红色的围裙,用白色的棉布遮住脸部。而在惠比须舞中,则戴着风折乌帽和惠比须的假面。这些异形都是装扮成从远方来的神的模样。

即使在源自原始时代的人类巫术信仰中,假面也具有古老的渊源。假面用于使人类变身扮成众神或信仰的动物,这起源于泛灵信仰、图腾信仰等精灵信仰。假面最初作为巫术性的存在用于祭祀仪式等,后来逐渐完善成为艺能假面。即使是在上门的祝福戏中经常看到的覆面,也是为了暗示艺人已经不再是人类的凡夫肉体,而暂时成为神灵的假借之躯。这些假面和覆面也是使祝福戏成为象征性演出的最重要的表现形式。

---

① 缩缅是日本一种特殊织法的丝绸,和我国绉绸有些相似,外观上呈现出精细的褶皱。
② 日文原文为"投頭巾",指把缝成四角的帽子顶部折到脑后戴着的帽子。

张幕木偶戏

言归正传。在这份古文书中可以看出的第三个事实是，近世中期，在这一地区也可以看到"张幕木偶戏"。在中世的路边戏、上门戏的木偶戏中，一般是在脖子上或胸前挂着箱子，从箱子里拿出小木偶戏耍。当然，是由一个人操作。到了中世末期，以前被叫作"手傀儡"[①]的木偶戏迎合了各方面的爱好，不断努力以引人注目。也出现了一些表演开始伴有太鼓、三味线。

到了近世，变成在城市的搭建舞台上演出木偶戏，在舞台前面拉起幕布。幕布遮住了木偶戏演员的腰部以下部位，让人们觉得木偶是在地上行走的，或者是在房间里活动的。又过了不久，幕布又换成了勾栏[②]。也就是说，文书中的"张幕木偶戏"是指拉着幕布的舞台。圆通寺的木偶戏团没有常设的舞台，从江户时代到今天，一直都保持着这种张幕的形式。

第四，这种象征神灵的"异形之体"的送福人的艺能，在因幡地区在近世初期以前即中世末期就有了。

因为按照"古法"至三月初三允许上门戏，所以即使是藩里也认为这些艺能是自古就有的吧。

不过，藩里加了两条制约条件。也就是，不得有三味

---

① 日文原文为"手傀儡"。
② 勾栏，遮住木偶戏演员腰部以下的栏杆等，让木偶看上去好像是站在地上、坐在房间里等。

线伴奏，大人不许手持春驹而舞。理由是风俗变成"异形之体"，太过于奢华了。

即使如此严厉取缔，对"自从前以来之风习"仍给予了特殊许可。藩里虽然对被歧视人群的生业进行了各种压迫，但是也认为这些传统艺能作为民俗仪式是不可或缺的。

元禄时代的钵人①和木偶戏

在因幡地区，木偶戏是从何时开始成为门前戏的，在史料方面尚不明确。关于木偶戏最古老的文献是大江匡房的《傀儡子记》，其中写到是从11世纪末到12世纪初期。从书中可知，被称为"傀儡子"的木偶艺人，不仅出现在畿内地区，而是以关西为中心遍布日本全国各地的。其中有许多地名，如"山阳、播州、山阴……"可见，在山阴地区，自古以来就居住着木偶艺人。

但是，即使从中世众多的文献来看，关于这些傀儡子们是如何操控木偶的、操控着什么样的木偶，并没有详细的记载。是指头木偶，还是杖头木偶，是否用乐器伴奏——这些艺术形态都不是很清楚。

"手傀儡"一词最初出现在12世纪中期编纂的《梁尘秘抄》。在"傀儡"前面冠以"手"字，大概是由于当时的艺人用手拿着人偶，或者把手指插入人偶的脖子而操控人偶的缘故吧。文安元年（1444）的《下学集》中写作

---

① 日文原文为"钵屋"。

"傀儡"，读作 tekugutsu。

关于木偶戏的具体史料之所以如此缺乏，是因为当时的木偶戏只是极其单纯的"舞"，而很少能够像当时流行的散乐①那样取悦观众吧。而且，日本自古以来就有将灵放入人偶的巫术性观念，因此，除了以此为职业的傀儡子以外，对手拿木偶是很忌讳的吧——永田衡民如此推测说。（参考《日本的木偶戏》第二篇"傀儡子的艺术"）

在日本西部，大多把木偶叫作"deko"或者"deku"，这大概是"手傀儡"（tekugutsu）的约音吧。也就是说，就像"旅人"（tabibito）可以约音为"tabito"一样。

在"木偶"后面加上"仔"②字，就成了"木偶仔"。日语中在某个词后面加上"仔"字，如"懒觉仔""吝啬仔"等，表示亲密或嘲讽的语气。在"木偶仔"这里，"仔"字根底里仍然有深深蔑视的意味吧。

很明显，这种由傀儡子表演的木偶戏一直都被人们看作卑贱的贱民艺能。人们认为，傀儡子们在山阴地区也是自古以来就存在的，但是，从中世到近世，他们是如何发展的呢，史料方面却完全不详。

调查一下鸟取藩的历史可以看到，鸟取藩和其他藩一样，在身份制的底层有"秽多""非人"等，而最引人注

---

① 散乐，与雅乐相对，民间的舞乐。
② 日文原文为"坊"。

目的是"钵人"。钵人属于时宗①的谱系，属于本山在京都极乐院空也堂的"空也念佛圣"②一派。以关西为中心，"空也念佛圣"遍布日本全国，特别是山阴地区。住在这里的念佛圣就被叫作"钵人"。

《藩史》中记载，他们"和百姓町人没有平等的交往，群居在町村的边缘，以编织竹器为业。登记、邻保组织、宗派所属等都与秽多同等对待"。

他们一边敲着钵盂一边唱着"阿弥陀佛"行走在各家各户门前，因此也被叫作"敲钵人""开钵人"。钵，即僧尼拿着的食器，因此，"开钵"即托着钵盂四处走动。

也有的人是敲瓢，在京都的空也堂里有很多古旧的瓢。到了正月，他们把用竹子编制的茶刷插在稻草把子上，一边念佛一边四处游走卖茶刷，因此他们也被叫作"卖茶刷的"。

令他们自豪的是，他们属于源自空也上人（903~972）的漂泊"念佛圣"的系谱。因为他们把念佛舞当作特技，因此从中世开始就被看作艺能在身的贱民。事实上，他们之中出现了很多艺人。

京都的空也堂与"敲钵人""卖茶刷的"

我曾多次拜访空也堂。到了秋天，空也堂会举行一年一度的大祭。就像古昔一样，他们颂唱空也念佛，全员一

---

① 时宗，镰仓时代兴起的净土宗的一派。
② 空也，日本平安中期的僧人，空也念佛舞之祖。空也念佛舞，一边敲钵或敲瓢，一边口中念佛，颂唱舞蹈。

起跳念佛舞。在昏暗的本堂深处，安置着空也上人像，在空也上人像前面，十几个人一边敲钲念佛一边走着圆形的舞步，曲调简单，颇为安静。因此更烘托出了古态的寂寥感。

由空也堂发行的起源书中记载，他们的祖先出自平将门。曾几何时作为"敲钵人""卖茶刷的"集结在空也堂周围的人们，现如今已经分散四处了。参加大祭的信者们也仅仅50人左右，是很寂寥的祭祀。历史悠久的空也堂也没有维持祭祀的财力了，以前的风光早已不在，变成一个贫穷荒废的寺院了。

《藩史》中记载，"自古以来，钵人也如秽多一样举行木偶表演，他们称为劝进①，在町村巡回，以获得生活之资。"在宇田川宏的《史料鸟取藩被歧视部落的历史》中，介绍了如下钵人们请求举行木偶戏、歌舞伎表演的史料。

图 2-9 空也堂（京都市中京区）

---

① 劝进，宣传佛教，劝人向善。

元禄七年十月"仓吉之令"

仓吉大学（岳）院①钟堂建立，仓吉钵人请求在寺内舞木偶。由于是寺内钵人请求在寺内舞木偶，故批准。以后仓吉钵人到他处舞木偶应不被批准。

元禄八年三月"备忘录"

米子钵人度世艰难，请求去当地舞木偶，经协商之后，按照去年许可仓吉钵人之例，批准三十日。经由三浦刑马，上达荒尾修理②。

元禄九年二月"备忘录"

仓吉钵人八十八人饥馑，请求到两国游行表演，经协商决定，可随意去。去鸟取也可随意。

元禄九年八月"同备忘录"

松崎钵人申请在松崎附近表演歌舞伎十七日，被批准。

元禄七年即1694年，进入近世还不满百年。这些文书是住在仓吉、米子、松崎的钵人的申请书。他们生活贫困，从这些文书中可以看出他们是多么得"度世艰难"。这一点暂且不提，在元禄时代，他们已经拥有了可以申请木偶巡演的艺能能力，或许从中世末期就已经在表演木偶戏了吧。

---

① 应为仓吉大岳院，但写成了"仓吉大学院"，在日语中"岳"与"学"同音。
② "三浦刑马""荒尾修理"，为人名。

16. 辛苦的外出巡演

第一代团长藤右卫门

在村里关于圆通寺木偶戏的第一代团长藤右卫门一直流传着这样一个故事。

在江户时代初期,圆通寺的村民们一边忍耐着繁重的劳动与贫困的生活,一边用酗酒和赌博麻醉着每天的苦楚。藤右卫门每天都目睹着村民们对明天不抱希望的疲劳至极的生活,思考着通过健康的娱乐重塑村里的生活。

藤右卫门拥有丰富而美妙的声线,非常擅长村民们经常歌唱的"念力节"① 和"情死节"等。

偶然的一个机会,他想到了把这些歌调与木偶戏相结合。当时在上方②地区,木偶戏作为人形净琉璃广受赞誉,和歌舞伎齐名,在民众娱乐中也是走在流行前端的新型艺能。

可能是他在某处河岸边看过木偶戏,所以脑海中浮现

---

① 日文原文为"念力節(ねんりきぶし)",念力,即通过聚精会神而产生力量。
② 上方,指日本京都、大阪一带。

出新的想法吧。藤右卫门还自己做木偶和服装。他把在农村流传的古老艺能吸收进来,把深受民众喜爱的人情剧引入了木偶戏。他把这些剧情用擅长的曲调歌唱出来,意外地大受村民们好评。后来藤右卫门的名字就传遍了附近的村庄,受各村邀请,村民们组成的剧团就开始了巡演。

这种传承的前半部分——通过健康的娱乐方式改变村民劳动的艰辛与生活的荒废,这种故事必然会出现在因幡一带很多木偶戏剧团的起源记中。这种故事作为一种教育故事,是每个村庄都流传着的,也并不可信。但这个故事的后半部分或许是真实的吧。

圆通寺的部落土地很少,工作很受限。也许从古时候开始,大黑舞、春驹舞、惠比须戏等表达祝福的门前戏,就是这个村子的一种生业吧。或许藤右卫门自己也是从事门前木偶戏的吧。

藤右卫门就在那种艰苦的环境中,思考着创建剧团、表演独特的木偶戏。虽然是为了生存下去,但是那必定是噙满血泪的辛苦的日子。因为巡演艺人的剧团没有固定的房子,只能搭建临时的舞台进行表演,所以如果不努力提高表演技能、提炼新的趣味主旨,就无法吸引到观众。

刚才提及的史料已经介绍过,17世纪末从元禄到享保时期,因幡地区木偶戏就十分盛行了。鸟取池田藩和被誉为近世木偶戏之祖的阿波藩,原本也是亲戚关系。而且,这里的代代藩主都十分喜爱艺能,所以也经常有著名的剧团从上方到这里巡演,在河岸边、寺庙神社里举行歌舞伎、木偶戏表演等。因为每次都会吸引很多民众，干扰老百姓的工作，所以藩里还多次下达禁止令。

藤右卫门深深明白，即使模仿那种上方艺能，也不可能与之竞争。说他聪慧过人，就在于他并不是要丢弃伙伴们表演的土俗的传统艺能，而是一边发扬光大，一边与流传在村子里的歌谣、故事相结合，创造出了独具因幡特色的木偶戏。

村子间的巡演

我们把话题转回近代。江户时代一直持续着的圆通寺木偶戏，从明治后期开始到大正时代，迎来了巨大的冲击。随着新兴娱乐电影的普及，他们即使巡演，也没多少观众了。附近下圆通寺的剧团与淡路人形净琉璃一脉相承，最后在大正中期不得不解散了。

但是，上圆通寺的这一剧团没有解散。对他们来说，冬天不巡演也无事可做，而且他们也无法舍弃深爱着的属于他们自己的艺能。大家坚忍地努力着，最后终于渡过了这个难关。以前的观众又回来观看表演，他们终于又像往昔一样可以巡演了。

从村子到村子的巡演，是在秋收后的冬季农闲时期。十几个人组成一个剧团开始巡演，东起兵库县的汤村，西至仓吉深山里的农村。一直到初春开始农耕，有四五个月的时间是不在家的。一次巡演长时一个月，一般为7~10天。

——要去巡演的时候，是大家先聚在一起练习然后再出发吗？

"不是的，因为很多年了一直都在唱，所以基本不练习就出发了。而且大家每天工作都很忙，也没有机会把大家聚在一起进行练习。"

——已经达到可以直接上场的程度了啊。

"是的，已经达到这种熟练程度了。年老的都是有30多年经验的专家了。要到这种程度还是很难的，怎么也要经过二三十个年头。大家聚在一起，一看彼此的面孔，就知道谁是舞身体的、谁是舞腿脚的，马上就能相互配合起来。"

——只要一见面就能呼吸与共……

"的确是这样。在舞木偶的舞台上，相互使个眼色，就一下子进入舞台，舞手的舞手，舞脚的舞脚。如果是刚进入剧团的年轻人，就会被别人说'你小子还早着呢'，怎么也不让他舞木偶。这时，他就看准一个缺人的位置，若无其事地跑到舞台上，遇到脚就去舞脚。让大家看到'呀，舞得真不错啊'。用这种方法，就能逐渐越舞越好了。一起舞木偶的人还以为是平时合作的伙伴，舞到一半才发觉竟然换人了。新入团的年轻人都努力到这种程度了。"

——每天晚上的表演地点，是由谁、如何去寻找呢？在旅途中，寻找接下来要去的地方是很辛苦的吧。

"我们把这种人叫'先驱'，是先遣的组织人，现在也叫作售前宣传。他比剧团早出发，从一个村子走到另一个村子，寻找主办方和可以演出的地点。按照以前巡演的惯例，邀请我们表演的主办方会把当晚表演的一切都准备好。"

——主办方由哪些人来承担呢？

"村里的青年会、妇女会、姑娘会等。村里有权势的人家也会召集一些人来做。在为了维持发展青年会的大义名分下，主办方邀请表演。如果是由青年会主办，那么妇女会就会负责当晚的饮食。"

巡演的收入

——表演地点每年都是固定的吗？

"我们每年都会去很多地方，大部分都是固定的。刚才提到的'先驱'会先出发去做宣传，告诉他们今年大约会在几月几日到这里来。也有一些没过去的地方听到大家的好评，发出邀请说也到我们这里来吧。很多地方邀请我们过去就像是当地每年固定的节日一样。"

——那么，表演一晚上大约有多少收入呢？到表演地后在表演之前就会收到报酬吗？

"哪里哪里，在巡演中，观众都是把钱包起来交给主办方的。我们只负责表演，不接触金钱相关的事务。等表演结束了，就会收到作为谢礼的钱。在昭和初期，一晚上大约能募集到 50 日元左右吧。换算成现在的话，大约比 10 万日元稍微多点吧。而且，其中的 20

日元会留下来做青年会的运营费，剩下的 30 日元作为谢礼给我们。我们把谢礼叫作'花'。"

——现代日语中把给艺人的报酬叫作"花"，和这里是一样的啊。这样来看，收入并不固定啊，每次演出的收入都是不一样的吧。

"根据观众多少来定吧。不过，大体的市场行情在那里，所以不会太高也不会太低。当天晚上，会把观众谁谁出了几日元，写在纸上，贴到会场里。"

——这样大家就会争先恐后地多出钱……

"是的是的。交给主办方的其实只有一日元，但是为了调动气氛，就写作两日元。也就是说抛砖引玉。看到这种情况，村里的大户人家就觉得如果不财大气粗地拿出更多钱就会很丢人。那个谁都出两日元，我不多出点怎么行，于是就特意再重新包钱……"

——贴在哪里呢？

"一般都在农家院里表演，因此就贴在观众坐着的房间的门楣上。谁出了多少钱，一看就知道了。不仅如此，在中场休息的时候，谁出了多少钱，主办方都会一个一个地、大声地宣读出来。如果出钱太少，那时会很丢人……"

西村清市好像回忆起了古昔的巡演时代一样，时不时地凝望着远方，一边眨着眼睛一边慢慢地叙说着。因为快到晚上演出的时间了，我决定把剩下的话留在演出结束后与保存会的诸位的畅谈中。

农家的张幕木偶戏

当晚，快到 7 点时，我们到了公民馆。集会室里铺着榻榻米，大概有 50 张榻榻米大小，在正前方拉着幕布，并放着各种小道具。舞台的准备工作似乎已经做好了。

有一个大的幕布，用作背景，与大幕布空开约两间的距离。在观众席的稍前面，比人的腰部稍低的位置，拉着一个绯色的横幕，这就是勾栏了。木偶戏就在勾栏后面的空间里进行表演。

在隔壁的准备室里，三味线、太鼓、胡弓伴奏演员正忙着调音。虽然工作了一天都很疲劳，但他们依然专门赶了过来。在舞台后，或者说作为背景的大幕布后，舞木偶的演员们正在整理木偶的头发和服装。

为了不打扰他们的准备工作，我静静地观察了他们一会儿。他们十分认真地整理着木偶的妆容，就像给自己的孩子整理节日的盛装一般。他们都是保存会的成员，还有像西村清市的弟弟三郎一样，从二战前就一直是参加巡演的原剧团成员。三郎是其中的演员，代表着被认定为非物质文化遗产的圆通寺木偶戏。

工作告一段落后，他们分别向我进行了耐心的说明。大部分成员都在中年以上了，也有几个作为见习生在学习的年轻人。

——准备工作非常辛苦吧。

"是的，整理木偶的服装和头发，如果细心整理要花两个小时。在做准备工作的同时，手自然地动，脑海里就对晚上的木偶戏进行预演……"

——这个幕布是什么时候的？

"这个啊，听说这个幕布是100多年前，明治20年代左右做的。"

——这个幕布上还写着明治一座呢。而且还写着很多人名……

"江户时代剧团叫作圆通寺座，之后好像也叫作扇座，从明治到大正，有老年组和青年组两个座。把传统坚守至今的是继承了青年组的流派。江户时代的老木偶主要是由老年组保管，由于火灾被烧毁了。明治一座是当时青年组的座名，一般用的是圆通寺的木偶。幕布上写的这些名字是明治时赞助者的名字。你看，到这里为止是最初写的。从这里开始一半是后来添加的，赞助者不断增加，就慢慢地又添加上去……"

农家的土房成为舞台

——刚才说了，后来，就在农家院里拉开大幕，搭建舞台……

"说是农家院，也和露天的院子不同，就像编草鞋的农家中的土房①。你想象一下以前农家的结构就会比较容易理解。不论哪里大致都是一样的，打开大门就

---

① 日文原文为"土間"，指没铺地板的土质地面的房间。

是宽敞的土房。土房里面是铺着木板的板房①,再往里面走就是客厅②和有地炉的房间。再往里面就是起居室了。把从板房到起居室的拉门和隔扇全部拿掉,立刻就能变成速成观众席了。"

——的确,这可以很好地利用土房的空间。那大约可以容纳多少观众?

"不论在哪里表演,都会尽量去大一些的农家借房子,所以大概能容纳几十个人。有的时候甚至能塞进去近100人。如果有两个里屋的话,就能容纳下100人了。"

西村清市③在我的笔记本上细致地画出了农家的结构,并做了耐心的说明。搭建木偶戏的舞台时,在土房里合适的地方按照长3间、宽1间半的大小进行规划,并在那里拉起幕布就可以了。土房的外侧是牛棚,所以在那里借助大黑柱④拉起4间左右的大幕把牛棚遮起来,并在板房前面、观众坐着时眼睛刚好和木偶的位置平齐的高度拉起幕布作为勾栏。

——歌唱者和伴奏者在哪里?

---

① 日文原文为"板の間",指铺着木质地板的房间。
② 日文原文为"口の間"。
③ 原文中这里是"清一",但从上下文来看,没有"清一"这个人,只有"西村清市",而且"一"和"市"在日语中的发音相同,因此怀疑为原文打印错误,译为"西村清市"。
④ 大黑柱,日式农家中,起支撑房屋作用的黑色的柱子。

"在这个角落有个杂物间。把这里收拾一下,搭个比观众席稍高点的架子,歌唱者和三味线的伴奏者都在这里。而且,在灶台那里牵一根绳子,把木偶的头挂在那里,就可以整理木偶的服装了……"

他们就在这样设计出来的速成舞台上表演当天的木偶戏。因为剧团每天都在移动,所以必须是能够迅速搭起,又能够迅速拆除的临时性舞台。即使如此,他们为了好好利用狭小的土房还是想尽了办法。在那个连灯火都十分昏暗的时代,从后面的观众席看过来,这一舞台比起真正的人形净琉璃也毫不逊色吧。

——这 300 年间,前辈们想了各种办法,这些想法又被继承了下来。

"是的,所以新人们从一开始都要学习舞台的搭建。我父亲也想了各种办法,哪怕能增加一点点观众的喜悦……"

——没有固定的赞助人,观众就是唯一的

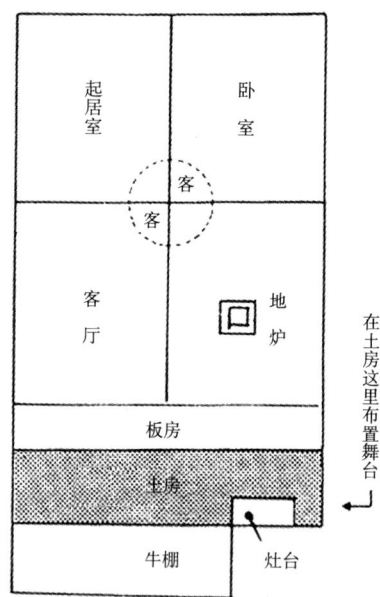

图 2-10　农家的结构图

上帝啊。

"是的,虽然叫作艺能、娱乐,但同时也是支撑生活的生业。观众们热烈的鼓掌,就是最大的鼓励……"

"前狂言""中狂言""后狂言"①

终于正式开演了。首先从这一剧团传统的拿手好戏《平井权八》开始。

在歌舞伎中,他是情迷于妓女小紫的白井权八,因在铃森的幡随院与长兵卫邂逅而闻名。宽文年间,身为鸟取藩士的平井权八因藩内纠纷而不得不离开当地,出走江户。这个故事在因幡当地是家喻户晓的人情故事。

在歌舞伎中,以离开因幡后权八的浪人生活为主题,但在这里的木偶戏中,主要讲述年轻的权八不得不把故乡抛在身后的苦恼。在舞台上唱完全曲要一个半小时左右。因为"现在已经唱不了那么长时间了",所以只表演了最引人入胜的部分。

以前巡演的时候,一晚上的节目大致是这样的。首先是表演三吉木偶戏,作为祝贺仪式,大概10分钟左右,然后进入各种剧目。"前狂言"是古装剧,大概一个半小时。

"前狂言"结束之后,"从这里进入中间阶段"。主办方上台致辞"宣读礼金"。然后进入"中狂言",一般是大黑舞,约10分钟。因为是寓意吉祥的祝福表演,所以非常

---

① 日文原文为"切狂言"。

受欢迎。之后随着观众的鼓掌，表演一些余兴节目。比如给木偶戴上斗笠遮住脸，跳安来节①，或者撑着有圆形图案的纸伞跳伊势音头。②

最后的"后狂言"是当代剧，一般是以情死为内容的人情剧，约一个小时。以上是一天晚上表演节目的通常形式。实际表演时间全部加起来超过4个小时，如果再算上搭建舞台等准备的时间，一般要花8个小时。

这种"前狂言""中狂言""后狂言"三步曲的形式也成为近世人形净琉璃、歌舞伎的表演形式。这种表演形式原本来自中世的猿乐能③。时至今日，即使在巡回表演的各种小剧目中，都依然保持了这种形式。

---

① 日文原文为"安来節"，岛根县安来地区的民谣，在酒席上唱的喧闹的歌。
② 日文原文为"伊势音頭"，起源于伊势地区的民谣，歌词、曲调多种多样，各地各不相同。
③ 猿乐能，能剧、能乐的古称。

17. 逐渐消亡的民俗艺能

圆通寺木偶戏的四个特征

不过，在圆通寺的表演中有其他木偶戏的历史中看不到的几个特征。

第一，开幕前的舞蹈并不是三番叟①，而是由三吉木偶表演春驹舞；第二，在"中狂言"的部分，跳大黑舞作为祝福舞；第三，上演的并不是上方和江户地区著名的剧目，全部都是土得掉渣的乡土庶民的故事；第四，木偶舞的配乐并不是全国流行的义太夫节，而是自古传承下来的"口说节"②。作为非物质文化遗产的圆通寺木偶戏的文化史价值，或许集中体现在这四点上吧。

在文乐的人形座中，现在也是开幕后的前30分钟演惠比须木偶戏。惠比须相貌奇特，就像是一个滑稽的狂言师，这叫"开幕三番叟"。在猿乐能中，由翁、千岁、三

---

① 三番叟，能剧《翁》中的三老人之一，在一开场时上台表演，后来专指剧目一开始的部分。
② 日文原文为"口説節"，这里译为口说节，充满哀愁、怀旧等情调。

番叟三个角色组成的舞蹈叫"式三番"。其中的三番叟独立出来被吸收进人形净琉璃,其起源是很古老的。中世末期的惠比须舞模仿能剧的形式,拿着能剧木偶到家家户户的门口进行表演,这种遗风也原封不动地被近世的人形座所继承。

但是,圆通寺座并没有沿袭这种能剧的形式,开场是由民众都十分熟悉的三吉木偶跳春驹舞。这是把土俗性的传统原封不动地保存下来的演出形式。

而且,更值得注意的是,木偶戏的配乐是从近世初期就在当地流传的民众歌谣"念力节"和"情死节"。元和三年(1617)池田光政从姬路转封鸟取,他马上就开始改修鸟取城和城下町,周围的民众都被动员起来。圆通寺的村民也被动员去参加重体力活,把八坂山上坚硬的岩石打成一块一块的,再堆到高濑舟上运走。当时的劳动号子就是"奴之念力碎岩石",念力节就是以这种劳动号子为基础传唱起来的劳动歌,也叫碎石歌、岩石调。

念力节是七七调,在其中加入拍子,反复歌唱。义太夫节的曲调抑扬比较长,如流水般缓慢流淌。而念力节的节奏顿挫非常清晰,曲调跃动,非常有节奏。因此,如果和着念力调表演木偶戏,舞蹈动作也会变得有很大的跃动性。

在平家琵琶和谣曲中表现哀愁和怀旧之情的曲声叫作"口说"。"口说"引入民众歌谣后形成了"口说节"。漂泊的念佛歌①艺人们一边用竹箯②（把竹节前端劈成细条并结成一束）打着拍子一边唱着口说节。说经调、祭文等也是这一系统的，是讲故事的歌谣。到了江户末期，口说节也被称为"浮调"③"琼噶来"④。这些曲调不断世俗化，也被引入盂兰盆舞蹈的歌调中。就连今天的浪花节⑤，其源流都可以追溯到口说节上。和着哀愁的怀旧曲调，拥有300年传统的木偶不停舞动着，直到永远。

难度很高的三人操控技法

正式演出结束后，西村清市为我讲解木偶的操控方法。虽然从二战前文乐座时代开始我就经常看人形净琉璃，但实际操控木偶，这还是第一次。"快，一鼓作气操控一下吧。"被这样催促着，我站到了木偶的后面。诚惶诚恐地用两只手拿着。木偶大得出奇，根本无法自如地让它动起来。单单用左手支撑起它的头部，我的冷汗就已经渗了出来。

西村清市教我哪里是把手，我跟着调整姿势操控木偶。首先，从木偶背后衣服的接缝处把左手伸进去，握住心串。心串就是支撑着木偶头部的把手。那里系着操控脖子和面

---

① 江户初期的一种门前戏，给念佛谱上曲调加上歌词，一边伴奏一边歌唱。
② 箯，日本的民俗乐器之一，发出沙拉沙拉的声音。
③ 日文原文为"うかれ節"。
④ 日文原文为"ちょんがれ"。
⑤ 日文原文为"浪花節"，这里译为浪花节，也叫浪曲，以战争、讲经、故事、演剧、文学作品等为材料，加上曲调歌唱的文艺形式。江户末期始于大阪，相传始祖为浪花伊助。

部器官的绳子。将拉栓嵌入雕得细长的小槽中，用左手的指尖上下拨动，就可以转动木偶的脖子了。如果是眼睛眉毛会动的木偶，就把绳子穿过心串上的小洞，系在叫作小猿的挂钩上，把小猿往下拉，就能活动面部器官了。

以前单人操控的木偶眼睛、眉毛、嘴巴、鼻子、耳朵全部都是固定的，因此木偶的表情基本是固定的。

但是，随着木偶戏逐渐发展成为具有故事情节的音乐剧，其动作就逐渐要有写实性了。新兴的歌舞伎舞台华丽，演员表演夸张，吸引了大量人气。如果木偶还像从前一样表情毫无变化，是根本不可能与之竞争的。因此，不仅眼睛、眉毛、嘴巴、鼻子，而且连左右手的手指都能活动的精密的机关就被设计出来。

这就是18世纪享保年间诞生的"三人操控的木偶头"。如果是单人操控的小木偶，是无论如何也不可能设计出如此复杂的机关的，如此，木偶就变成了大型木偶，并在其中装置各种机关。而且，像现在这样，不是单人操控，而是三人一起同时操控多种机关使木偶活动，是木偶操控方法的一大革命。

三人操控技法被想出来是从享保十九年（1734）十月大阪竹本座初演《芦屋道满大内鉴》开始的。这是竹田出云的作品，改编自说经调的《信太妻》（1984年9月在大阪国立文乐剧场三人操控250周年纪念时，从头至尾上演了这一曲目的全曲）。

——这么大的木偶，和着音乐，三个人同时舞动，非常不容易啊。

"一边舞动木偶，一边还要操控这里那里的机关……"

——还是头部操控最重要啊……

"如果头部操控稍一犹豫，整个木偶就动不了了。操控头部的人要把整个故事都装进脑袋里，要熟练到在下一段音乐响起之前就已经开始舞动的程度。虽说是物语，但我们剧团既没有歌词也没有曲谱，全部都是说唱，必须一点一点地记下来。因此，要成为一名真正的头部操控者需要40年。拿着心串的左手，操控着木偶右手的自己的右手，必须能随着太夫调自然地活动。舞木偶的时候，最要保持稳定的就是腰部。年轻的时候，腰部总是稳定不下来。"

——音乐、太夫调、木偶舞，这三者的协调即使有一点错位，即使只有一瞬间的空白，也是不行的啊。

"如果不全神贯注，就不能和着物语赋予木偶表情、说出台词。即使刚要思考下面是这样，再下面是这样，动作立刻就会变得乱七八糟了……"

——这样就会跟不上音乐的节奏，和太夫的曲调也会有错位……

"是的，逐字逐句地分析语句并背诵下来也是不行的，必须用身体记下整体的节奏。我父亲曾经的一个伙伴，也算是故老了，虽然耳朵已经听不见了，但只要看到舞台表演的进度，手就能和从前一样舞动。因为已经舞了几十年，所以即使耳朵不行了，身体也会一直记着那种节奏。"

见习的年轻人首先从腿部操控开始练习。在木偶的脚踝处有竹子或铁的把手，握住把手就可以活动腿部。女性和孩子的木偶是没有腿的，所以就捏着和服的裙摆做出走路的样子。因为必须弓着腰到处走，所以并不像看起来那样轻松。

"左部操控"者用自己的左手操控木偶的左手，用空着的右手支撑"头部操控"者的身体。在木偶的手指上连接着操控用的绳子，这些操控绳像手套一样缠绕在操作者的五个手指上，操控着木偶每个手指的活动。

——左部操控者看着哪里操控木偶呢？

"看木偶头部的活动。即使看不见头部操控者的活动，但通过木偶头部的活动就能知道木偶的下一个动作。而且，从观众席上看过来，出人意料看得非常清楚的是木偶手指的活动。因此，木偶两只手的活动也是非常重要的。"

在农家院的舞台上，照明是很昏暗的。因此木偶面部表情的微妙变化有时候观众是看不清楚的。但即使是那种时候，木偶白色的手指在夜幕中也会清楚地展现在人们眼前。

1950 年代末——民俗艺能最后的繁荣

剧团的成员坐成一圈，和我聊了很多从前的回忆。话题的中心是西村三郎的艰苦奋斗史，从 16 岁开始，40 年间他一直致力于木偶的发展。

——从二战前开始一起表演的团员，现在已经没剩下几个人了啊……

"从二战前就开始表演的头部操控者，就只剩下我一个人了。虽然二战后我偶尔也表演，但是上了年纪后，已经不操控头部了，只操控木偶的手和腿了。操控头部真是个重体力活啊。腰部和腿部的力量变弱之后，是无论如何也无法承担了。我跟着父亲唱过歌，弹过三味线，到如今，真的是努力到头了。"

——战时您都表演什么样的剧目啊？比如到各地的工厂里表演军国类的节目什么的……

"没有，我们依然是在农村巡演，演出内容也和从前一样。特别是我并不记得表演过军国类的节目。《平井权八》《鼠小僧》《瀑布夜叉公主》等都特别受欢迎。战败形势逐渐明朗时，也曾被说三道四、勒令自我整顿。团员也被迫参军，之后就再也没有人请我们表演了……"

——因此战后又重整旗鼓……

"虽然有两年左右的空白期，但战后马上就复兴了。进入 50 年代，啊，就是钢铁业带来全社会景气的时候吧,到处又都请我们去表演。那时大家都一鼓作气,想把战前繁盛的民俗艺能重新振兴起来。大家都拼命地外出巡演……那时就是最后的繁荣了。"

——那什么时候开始就不再出去巡演了呢?

"昭和32年(1957)左右吧。那时是个巨大的分水岭。之后,电视机迅速普及,也进入了农村的角角落落,就谁都不请我们去表演了。有了电视机,剧团再也坚持不下去了。晚上大家都在家里看电视,即使去表演木偶,也没人来看了……最后连主办方都没人做了。一直表演木偶戏、资格比较老的人也渐渐衰老,被称为名人的人也都故去了……到这种境况,已经非常冷清了。"

巡演得到的收入在剧团全体成员之间进行平均分配。并不会因为是团长就特别多分一些。我在纪州的部落做调查时也发现,那里近世以来就以重体力的搬运作为工作,报酬也全部是平均分配的。无论是大力士,还是基本没有搬运能力的残疾人,报酬都是相同的。我当时心潮澎湃,觉得看到了人类相互依靠着生存下去的纽带原点。

"巡演结束后,大家一起分报酬的时候也是一样,并没有上下之别,全部平均分配。如果有10个人就分成11份,其中的一份留作木偶的修理费和保管费,其余的就平均分配。"

——那资格比较老的人不会有怨言吗?

"是的，这是自古以来的习惯。如果稍微有些差别的话，就是如果见习生是小孩的话，可能就只给些零花钱，负责说唱的演员要从头说到尾，非常辛苦，就给他稍微多一点点……"

图2-11 剧团全体成员。县里认定的非物质文化遗产传承人

——是回村以后再分配报酬吗？

"是的。每天晚上都要表演到很晚，大家都疲惫至极。木偶戏结束以后就几乎要到凌晨了。之后是热闹的犒劳会，还要去喝一杯。睡觉时天都要泛白了。第二天中午到了下一个演出地，还要再搭舞台，要不就会来不及。"

有时候下大雪就无法去下一个村子，也有时候没有演出地，第二天就空一天。这时候就算不给钱他们也会接着再表演一晚。妇女会会十分高兴地进行招待。就算不给礼金也能饱餐，这真是太好了。有时候包含着"明年也请多多关照"之意，也会举行免费巡演。

偶然遇上大雪之年，就会非常糟糕。平时他们把舞台道具、木偶等放入衣服箱子，堆到二轮人力车上，从一个村子拉到另一个村子，但下大雪时车就会拉不动。这时，他们就用大包袱皮把道具包起来，把木偶放到行李中，大家一起背着，艰难地到达下一个表演地。

巡演结束终于返回村子时，大家一边喝酒一边话别，报告着这个村子有这些钱，那个村子有那些钱，一边把报酬分配给大家。

——与出外打工的收入相比如何呢？

"没法说吧。下大雪的年份巡演的天数也会减少。但是，这是通过自己喜欢的艺能来维持生计，没有人有怨言……"

对村子生活的记忆

——那不去表演木偶戏时，都做哪些工作呢？

"老百姓都出外打工。说是老百姓，也没有土地，也是出外种田。又没有那么多的田地需要耕种……说是出外打工，只要有工作，哪里都去……"

——出外打工的话，哪种工作比较多呢？

"是叫工头吗，跟着承包工事的工头，全国各地，哪里都去。很多人只有盂兰盆节和正月时才回来。说是工作，很多都是很危险的工作，比如使用炸药啊什么的，净是些有去无回的危险事……"

区长山根正则在工作结束后终于赶了过来，聊了很多以前村里的生活。谈起村里贫困的生活，他也丝毫不加粉饰。他以诚实的人品，用十分可信的语气聊起来。

这个村里的工作自古以来就和千代川有着不可分割的关系。在古老的史料中就有关于船夫的记载。在没有桥的时代，有上渡口和下渡口，这里就是上渡口。而且，啊，您或许也知道，叫作高濑舟的——船身很高、底很浅、有5间左右的船。就用高濑舟，一直到明治为止，运送石材、米、木材等各种东西。

自古以来，河川的治水和其交通管理，对当地的当权者来说都是行政上的重要课题。即使到了江户时代，出于军事方面的考虑，也基本不在大河上架桥。各藩即使掌握了架桥的技术，也不会贸然架桥。因此，船老大、船夫的作用就非常大。

但是，中世以来，马夫、车夫、船夫等和交通运输相关的职业，地位比农民还低，被看作贱民的工作。即使在我调查的范围内，由于祖辈从事船夫等工作，进入江户时代以后就被固定为受歧视部落地区的情况，在各个地方都有。关于圆通寺，宽永十年（1633）的史料中也记载着："十四袋米，船夫收入，圆通寺村。不过，除此之外，十九石三斗六升八合，是船夫的津贴。这也是船夫的收入。"
（参照《史料鸟取藩受歧视部落的历史》）

船夫、高濑舟和石匠

千代川虽然全长只有52千米，但由于从山间突然进入平原地区，到离海很近的地方时，河面突然变宽。这里离鸟取市并不太远，水流却十分湍急。为了调节水位、汲取用水等，设置了好几处大坝，圆通寺这里就有。西村寿幸推测说，圆通寺的部落也被赋予了大坝看守者、河流看守者的作用吧。

——这是船夫和高濑舟。那其他的工作呢？

"不做船夫，就去做马夫。因为路不好，所以马经常会掉进坑里。如果掉进坑里，又拉着很重的货物，就一点都动弹不了了。因此一般都是5辆马车5个人组成一队。这样组织起来，就算是掉到坑里，大家也可以齐心协力，把车拉出来。"

——主要是运到鸟取吗？

"每天早晨一两点起床。首先去取货物，装上车，然后必须在上午送到鸟取。只要稍微迟到一点，下次就没有工作了。这是非常艰苦的劳动，从劳动时间来说，大概是普通人工作时间的两倍吧。"

——然后石匠的工作呢？

"这也是自古以来的工作。不单单是这个村子，这里的后山上到处都是岩石。石头非常有特色,叫作丸石。在大石头上凿开一个小孔,再把它打成小石头。把这些小石头以及河岸上形状比较好的石头收集起来,通过高濑舟、马车等运出去。"

——也就是说,是靠这条河流和后山上的石头生活啊。

"是的,可以这么说。又没有田地。不仅是贫困,而且还加上各种歧视……我的父辈们都过得很辛苦。即使是拼了命努力工作,也不一定有光明的未来。虽然很苦,大家还是团结协作,努力地生存着……"

——就在这种辛苦的劳动中产生了念力节,而村民们就把它与自己从事的单人木偶戏相结合,逐渐发展成为圆通寺独具特色的木偶戏……

"这已经是300多年前的事情了。我们的祖辈们一边与贫困和歧视做斗争,努力思考,一边团结一致、辛苦劳动,生活至今……"

村子已经彻底安静下来,只远远地传来千代川的流水声。偶尔有从河面上吹来的冷风,吹得窗户卡嗒卡嗒得响。而悬崖边上的小小的公民馆里,大家的谈话持续了很久很久。

III

以驯养鸬鹚帮人捕鱼来维持生计的川之民

图3-1 江川水系、三次的鸬鹚捕鱼

18. 作为川之民活着的被歧视部落

美丽的城镇——三次市

三次市位于江川河畔。江川是中国地区的第一大河，由西城川、马洗川、可爱川这三条河流呈旋涡形图案汇聚而成。自距今1500年前的古坟时代起，三次市就是中国山地备北地区的中心枢纽。

江川以大S形曲线弯弯曲曲向北流去，逐渐远离三次市。它蜿蜒穿过崇山峻岭，流经中国山地的山脉，逐渐进入石见国。

石见地区很早以前就同北方的中国大陆和朝鲜半岛有所交往。它地处古代"出云文化"圈内，形成了自身独特的文化。有"中国太郎"之称的江川穿过石见路的中部，浩浩荡荡汇入日本海。

自古以来人们就认为，从朝鲜半岛沿洋流顺流而下，会漂流到位于江川口岸的港口城市——江津。江津属于山阴地区，是由从朝鲜半岛历经艰辛抵达日本的民众开拓出来的。自绳文时代至弥生时代，这些民众分数批来到日本。

此前，我从未来过三次市。初来乍到，我四处逛了逛。三次市是一个历史悠久的城市，这里能让人感受到无处不在的历史厚重感。无论身处于这个城市的哪个角落，都能听到河流的哗哗声。

站在城市尽头的堤坝上，可以远眺江川流域。可能是由于到处都有浅滩和岩石的缘故，河水激起巨大的声响，哗啦啦地流淌着。与其他大城市脏水沟似的河流不同，这里的河流清澈见底，从河面上可以清晰地看到河底的石头和水草。"人们在这条河的什么位置驯养鸬鹚？"我向一位路遇的老人询问道。老人家特意从自行车上下来，一边四处指点着，一边热情地向我讲解。

自古以来，三次市就位于"出云文化"和"古备文化"的接壤处，是一个人来人往的繁华城镇。从各地聚集到三次市的民众大多经由水路而来，而非经由险峻的山路而来。三次市的"次"实际上是指"宿驿"。三次市就是指建于三条河流汇聚之处的"宿驿"。

三次市约有 4 万人，是连接石见町与芸备地区，即连接山阴和山阳的交通枢纽。三次市作为这一带的物资集散地而繁荣。

追溯到绳文和弥生时代，我们可以发现出云文化竟然渗透到了这一带。两千年前的古老的三次文化可能是由从北方沿江川逆流而上的人们创造的。

三次市周边的丘陵地带现存 7 处古坟群和净乐寺古坟群。这两处共计有 3000 余座坟冢，令人不禁追忆起那些早已远逝的文化。

绵延于三次市背后的广阔山地盛产优质铁矿砂。有人推测这里是日本列岛最早出产铁的地方。生活在中国山地深谷中的民众,为寻找铁矿砂而从一座山迁移到另一座山。他们通过"铁穴流""脚踩式大风箱"和"锻冶"这三道工序来生产铁器。

在高温下烧火冶铁是一份艰苦的体力活,有时需要连续三四天不间断地进行,令人在夜里也很难好好休息。三次市的冶铁历史从古代延续到中世,其周边地区至今还留存着很多"脚踩式大风箱"遗迹。

近世以来,三次市作为广岛县浅野家的分支,发展为五万石①的城下町。也由于这一点,三次市和艺南②、广岛地区时不时就会有些政治、经济方面的联系。但是,如果考察江川流域的民众生活和文化,我们就会发现,三次市通过江川而与石见路有更密切的联系。正如下文将提及的,三次市驯养鸬鹚的历史也与石见路地区民众的生活、文化具有密切的联系。

古代史中的鸬鹚驯养文化

在我到达三次市的当晚,大谷清先生和大森俊和先生带着十几位青年聚集到我这里。这些年轻人都奋斗在三次地区部落解放运动的第一线。他们和我谈论了很多有关这

---

① 五万石中的"石"是古代的容量单位,常用于称量粮食。
② 日本旧时的安艺国南边,大约为现在广岛县的西部。

个地区部落的历史和生活的话题。其中的几位青年曾经到东京、大阪、神户和广岛工作，而后又回到了家乡。我们一边享受着江川的特产香鱼和家乡酒，一边兴致勃勃地聊天至深夜。

我参加在广岛大学举办的一个有关部落问题的研讨会时，遇到了大谷先生。这成了我来三次市的契机。在研讨会上，大谷先生向我提问，他的开场白是："我正在三次市推动部落解放运动……"会议结束后，我和大谷攀谈起来。

我的外祖母曾在志和村生活。志和村即如今的东广岛市，与三次市同属备北地区。外祖母的前夫在日俄战争中阵亡，她不得已在这个山间的小村中再婚并定居下来。上小学时，每逢暑假我都会在这个静谧美丽的山村中度过整整一个夏天。那时，我曾指着周围群山中的最高峰，向外祖母问道："越过了这座山，可以到达哪里？"祖母回答道："啊，你说那座山啊，翻过了那座山，然后再翻过大概三个山头，就可以到达三次市。"

自那以后，三次这个地名便如余音般一直在我耳边回响。战后不久，我那慈祥的外祖母就去世了。因此，我再也没去过志和村。当然，我也没有去过三次市。

——我还不了解三次市。三次市有没有历史悠久的部落？有没有传承古代技术和艺能并独具特色传统的地区？……

"嗯，三次市下属的所有地区都位于江川流域。以前这里的人们大都靠河谋生，但现在大家做的事五花八门,已经很少有人从事这些营生了……发现的史料也不太多。嗯,三次市没有历史特别悠久的部落吧。"

——是不是几乎所有地区的人们都靠河谋生?比如说当船夫、摆渡、捕鱼等。

"哦,对了!说起来,有些地方一直有鸬鹚捕鱼的传统。"

——哎?!你是说鸬鹚捕鱼?我在车站等地方常常看到"三次市鸬鹚捕鱼"的海报。关于驯养鸬鹚……

"是的,我说的就是这个。驯养鸬鹚的地区是落岩地区。听说自江户时代起,那里就一直有人驯养鸬鹚。"

——自古以来,"驯养鸬鹚"一直是被歧视部落民众从事的主要营生。世阿弥的名曲《鸬鹚渔民》描述了中世时期渔民的艰辛生活,那也与歧视有关啊。到现在也还一直延续着……

掩藏在日本文化深处的水脉

听他们这么一说,我感觉自己触到了掩藏于日本文化深处的一条水脉。从民俗学角度来看,"海民""川民"都是受歧视的民众。自古以来,驯养鸬鹚就是这些"海民""川民"的一种谋生手段。部落中的民众将这种谋生手段一直传承了下来,这一事实对我来说意义重大。这次聚会后,在大谷先生的关照下,我于1984年5月和9月两次走访了三次市。

日本关于驯养鸬鹚的早期记载出自《古事记》《日本书纪》和《万叶集》。《古事记》和《日本书纪》成书于8世纪。有关驯养鸬鹚的记载早早地出现在这一时期的文献中，意味着鸬鹚文化在古坟时代就已经十分盛行了。7世纪初的中国史书《隋书·东夷传·倭国》中，有关日本鸬鹚文化的描述是这样的："气候温暖，草木冬青，土地膏腴，水多陆少。以小环挂鸬鹚项，令入水捕鱼，日得百余头。"古汉语中，鸬鹚原指黑色的鸟。

用通俗的话来表述就是："当时的日本气候温暖，即使在冬天，草木也枝繁叶茂。日本的土地很肥沃，非常适合种植农作物。这里水资源丰富，而陆地面积较少。当地人将小环套在鸬鹚的脖子上，然后将鸬鹚放入水中，令其捕鱼。鸬鹚一天可以捕捞100多条小鱼。"

上述内容被认为是根据千里迢迢从日本来到中国的遣隋使的话语记载下来的，是描绘日本7世纪农村风貌的重要记录。

据说这是世界历史上有关鸬鹚文化的最早记载。当然，那时中国也非常盛行驯养鸬鹚。中国主要是江南地区，即长江以南种植稻谷的地区盛行驯养鸬鹚。但是，直到10世纪，鸬鹚文化才出现于中国的文献中。因此，有人认为鸬鹚文化起源于日本列岛，而后传播到了中国。

但是，令人感到遗憾的是，这些事实一直湮没在历史的尘埃中而鲜为人知。著有《鹚匠》（中公新书，1966）这一杰作的可儿弘明先生，立足于日本的庶民文化与中国江南地区有所关联这一观点，推测驯养鸬鹚也可能是在弥生时期，随着水稻栽培技术而从中国江南地区传入日本的。当然，目前还没有文献能够证实这个推断，但无论是从民俗史还是从比较文化史的角度来看，这都是比较稳妥的推测。

图 3-2　鸬鹚捕鱼（《人伦训蒙图汇》）

我分两次走访了三次市，每次都得到了那些奋斗在当地解放运动前线的人们的支持与帮助。他们为我详细讲解当地的部落民俗和谋生手段直到深夜，还带我去那些相关的地区。上冈意则先生被认定为非物质文化遗产传承人，他主张要坚守三次市的传统技法，并为此不断努力，老而弥坚。第二次来三次市时，我从早上到夜里 11 点多，片刻不离地与上冈意则先生在一起，他详细地为我演示了鸬鹚捕鱼的真实情景与技法。

我受到了落岩地区民众的很多关照。在坐落于略微隆起的山丘上的小型神社里，有些老人向我讲述了当地的古老传承，还有一些老人向我讲述了基于自然生态学的山中狩猎的故事。从民俗学的角度来看，这些都是非常宝贵而又出色的叙述。另外，妇女部的成员们也向我讲述了许多过去的事情。这里的妇女部是由大森先生的母亲组织建立起来的，她在三次市的解放运动中起着举足轻重的作用（很遗憾的是，大森先生的母亲不久前去世了）。下面，我将以这些访谈内容为中心，向各位展示落岩地区传承至今的三次鸬鹚文化。

江川流域的被歧视部落

三次市共有22个被歧视的部落，除两个较大的部落外，其余基本上都是只有20几户人家的小部落。至今仍保留着鸬鹚驯养文化的落岩地区就是其中一个小部落。

除少数部落位于山麓地区外，大部分部落位于江川水系的河床、堤坝、悬崖附近。因此，每当梅雨时节连续性暴雨和台风使江河泛滥时，大多数部落就会遭受洪灾的侵袭。

大谷先生陪我来到了离城镇约三公里远的一个山间小部落。这个部落周边残留着许多"脚踩式大风箱"的遗迹。在这个零零星星只有几户人家的山村部落里，人们要想维持生计，就只能"靠山吃山"。对于来自城市的我们而言，部落周围壮丽的自然景色着实令人惊叹。但是，这里因为

18. 作为川之民活着的被歧视部落

位于江川支流的河岸边,所以暴雨时节会遭受洪水的摧残。

对于生活在沿河地区的人们来说,江川在其生活中是必不可少的。但是,一旦开始涨水,江川就会变身为威胁生命的"狂暴之神"。

查阅江户时代的记载,可以发现河边的被歧视部落经常因洪灾的侵袭而损失惨重。这种状况一直持续到二战后。

每逢水灾,有不少地方洪水会一直漫到房顶。在落岩地区一个又小又破旧的公民馆的二楼,陈列着关于当时惨状的照片。照片中,洪水逼近二楼房梁。当榻榻米、被褥和粮食等都被水浸透后,房屋四周弥漫起一股臭气,令人无法靠近,这情景着实惨不忍睹。

这里的人们本来就缺乏谋生的手段,灾后重建又要耗费大量的人力和时间,这使得大家的生活极度贫困。而且其他地区的民众对此完全是一副旁观者的姿态。若部落的民众们不提出强烈的要求,那么就连政府工作人员都对此无动于衷。根据《同和对策事业特别处理法》而实施的"同和"对策项目启动后,这里才加高并修缮堤坝,从而具备了一定的防洪能力。

根据《三次市部落解放运动史》,战前三次市的部落生活状态如下。

> 大正初期,部落民众的谋生手段大多是行商(卖扫帚、卖木屐、卖小鱼等)、修鞋、捕鱼、赶脚、赶车等。因此,民众的生活极其拮据。每天赚的钱只够买两升米,人们处于买了米就买不起烟的状态。衣服大

都是破旧的和服，偶尔也有人穿西服，但那也不过是徒有虚名的旧西服……主食有大米、芋头、小麦、栗子等，副食有土豆、菜叶、萝卜等，鱼和肉每年只能吃上两三次。另外，部落民众和普通市民几乎没有交流。除行商或买卖东西时会有必要的交流外，普通市民很少与部落民众讲话。普通市民都非常歧视部落民众，但却不溢于言表。

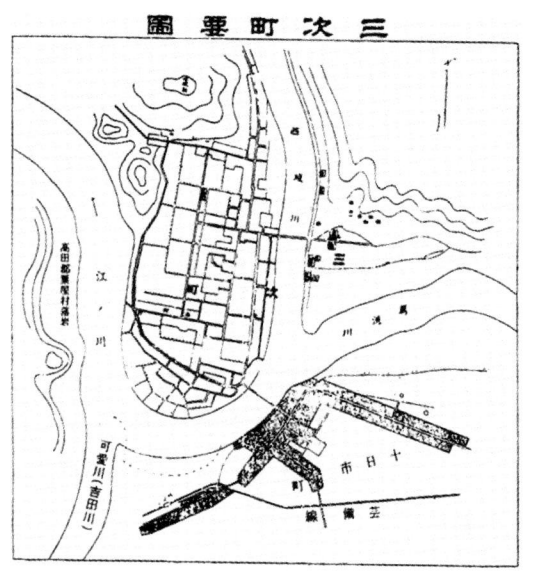

图 3-3　1926 年三次的地图，江川左岸有落岩

部落的故老们向我讲述了许多往事。我了解到从明治时期到大正时期，除上述谋生手段外，这里的人们还做船夫、猎户、鞋匠、搬运工、冶铁工、卖艺人等。当然，也有人家一直务农，但大多数是租田耕种。即便是拥有自己

的田地，也只是两三反薄田而已。仅靠种田无法维持生计，他们只能兼做各种各样的杂活来勉强填饱肚子。

最常见的家庭副业是竹编工艺。其中，"传八笠"十分有名，据传是由江户时期居于此处的浪人传八首创。"传八笠"是用莎草叶子编织的老百姓用的斗笠，类似于蓑笠。此外，在农闲时节，也有人外出去表演门前戏。但是，据说这在当年被看作一种乞讨行为，所以外出卖艺的人都是背着孩子和村民偷偷溜出去的。

捕鱼是沿河部落自古以来的谋生手段。在紧挨山崖的落岩地区，捕鱼更是人们主要的谋生手段。因此，驯养鸬鹚来帮人捕鱼作为这个地区人们的拿手手艺一直被传承下来。

故老们讲述的明治时期的民众生活

在落岩地区后方不远处有一个草木葱茏的山丘，山丘上有一座被称为黄幡神社的小型神社。爬过100米左右的坡道，就来到了安放神像的古祠。这里的前殿有8个榻榻米大小，兼作集会场所。这是一座极为简朴的神社，只摆放了一套祭祀用的道具。这里可能是由村民一手建造起来的。

黄幡神社是一座只与落岩地区有关的神社，建于江户时代末期。江户时代中期以前，这只是一个非常小的祠堂，坐落在临河的山崖上。人们在弯弯曲曲的山路上行走时，每次往下看，都能看到这个祠堂。村民认为这样是对神灵的亵渎，因此就将其迁移到了稍高的山丘上。

河面上吹来的风拂过这座小小的神社，发出沙沙的声响。我坐在神社的前殿，倾听一位77岁的老人向我讲述战前落岩地区人们的生活状况。

——爷爷，在您年轻的时候，落岩地区的生活状态是怎么样的？那时候，大概有几户人家？

"这个啊，在明治末期，大概有30户左右。因为缺乏合适的宅基地，所以有几户人家就把房子建在了河滩上。有的人家住在棚屋一样的房子里。有一户人家围着篱笆，还有几家有土墙仓房。有几户人家有两三反山田。说是田地，但就在河边上，不仅沙石多，土地也贫瘠，仅靠种田根本没法维持生计。这里的孩子们要么到三次市的木材厂和煤炭厂做小工，要么就做些小生意。

——爷爷您从少年时代起，都做过什么活计？

"我啊，从17岁起，就在开往岛根县的搬运船上讨生活。嗯，就是过去说的平底船。虽然这份活很艰辛，但待在船上，至少勉强可以填饱肚子啊。

没有田地的人家几乎都是以捕鱼为生。其中有几户人家驯养鸬鹚。他们一般要到岛根境内捕香鱼，一直得干到晚上2点左右，然后再用扁担挑着捕获的鱼，走好几个小时的山路回来。这可是份苦差事啊。一起去捕鱼的同伴中，现在只有我还活着。早晨在天上的星星都还眨着眼的时候就得起床出发，夜里要一直干到城里的人们都睡着了的时候。这中间根本没有休息的时候,所以大家都很难活得久哦。"

——冬季没法捕河鱼的时候,生活会很艰难吧。那种时候,会做什么样的活计……

"在冬天仅靠捕鱼根本无法维持生计,所以大多数家庭都会在晚上熬夜制作传八笠。这种斗笠很实用,算是落岩特产。通常当爹的负责用竹子做斗笠的主干,当妈的和孩子们用针缝竹皮,将它们粘贴起来,做出蓑笠的形状,最后制成老百姓用的斗笠。人们在种地时都会戴在头上,所以斗笠卖得很好,家家都可以靠这个勉强维持生计。"

部落中的阶层分化

——在落岩地区也是贫穷的人才会靠捕鱼和狩猎来维持生计吧?

"即使在这种地区,也有放贷的。有那么两三家既有钱又有土地。但也有很多人家穷得供不起孩子上学。就这样,富人和穷人之间差别很大。那些打鱼的和驯养鸬鹚捕鱼的人家都很穷。还有几户人家只在冬季上山捕猎。他们设好圈套,用捕猎器捕捉猎物。捉到貂和狐狸后,猎户就会剥下它们的皮毛。如今生态遭到了破坏,再加上公害的影响,使得人们已经很难在山上捕到猎物了。"

——按老辈们的说法,从江户时代开始落岩部落的民众都是以什么为生呢？

"自江户时代起，这个地区的人们就不做加工牛马皮革的生意。因为这里田地很少，所以人们大多靠做各种杂活来维持生计。因为就在河边，所以自古以来人们靠水吃水，做的多是水上生意。

遗憾的是，记载江户时代部落民众谋生手段的古文献几乎都没留存下来。全都被洪水毁了。我记得有几户人家做的事和捕吏有关。小时候我在后山不远处的空场上，看到过几个年轻人跟着一位老人学习柔术。这位老人好像是岩关流派的武术高手，好像还是第几代传人。此外，空场上好像还有几个耍木剑和棍术的高手。当时他们都算是捕吏手下的人。"

——请问这座神社是什么时候建成的？

"这座神社是我的上一辈和上上一辈人建的，大概是在江户时代末期。在迁到这里之前，神社在河边的山崖上。在神社迁移之前，曾经发生过一场大洪灾。当时神像被冲到了水潭里，漂浮在木头和垃圾中间。听说找到神像，是因为有天夜里神灵给部落中的一位长者托梦，告诉他说：'我在河里已经漂浮很长时间了。现在我想上岸去普度众生。你们把我捞上来祭祀吧。'"

——于是，村民们就很开心地供祭神像，并亲手建成了这座神社，对吧。

"最初这里只是一个小祠堂，即使这样，大家也都非常高兴。之前,这个部落里没有神社。每到秋天举行祭典的时候,孩子们都会感到寂寞。当时不允许部落里的人参加祭祀活动。这样一来,部落里的人总算有个可以祭祀的地方了。

上了年纪的人都说神灵是为了帮部落里的人摆脱世间的困惑、脱离苦海而来的。后来,又有传言称这个神像可以使孩子免遭溺水,帮孩子治牙痛。于是,附近村镇的人们也开始零零散散地来这座神社参拜了。"

黄幡神社的"水神信仰"

听完故老们对往事意味深长的回忆后,我参拜了神像。这是一尊高约20公分、相当古旧的木雕观音像。神像的各个部位都已经腐蚀了,上半身破烂不堪。乍一看,根本想不到这是一尊神像。听说以前有人用黄颜色在神像上书写过一些文字,但现在这些字迹已经褪色,变得模糊不清了。好像是当时人们将金灿灿的佛像和八幡神联系在一起,因而得出了黄幡这一名字。

回来之后我查阅了很多资料,发现了一份很有意思的调查记录,即刊载于《广岛民俗》第九号、下野岩太撰写的《太田川的水与信仰》。太田川是一条大河,发源于中国地方的山地,最终汇入濑户内海,其流向与江川相反。"水神信仰"作为一种民间信仰在太田川流域十分盛行。太田川流域也有很多供奉神像的小祠堂。

下野岩太仔细研究发现，太田川流域约有40余座神社。民众在这些神社里祭祀各种各样的神灵。因为这是一种民俗信仰，所以佛教体系的祭神和神道教体系的祭神被巧妙地混合在一起。其中，观音像即观世音菩萨像数量最多，在40座神社中有15座神社供奉观音像。

观音是阿弥陀如来佛的胁侍菩萨①，其神像遍布各地寺院，有千手观音、如意轮观音和马头观音等各种观音像。据说观世音菩萨居住在南海的普陀珞珈山，她有33个化身。人们认为观世音菩萨可以救赎在地狱等迷界中受苦受难的众生，大慈大悲的观世音菩萨治病施药，可以满足老百姓的现实需求。因此，中世以来，观世音菩萨就一直深受民众的尊崇与爱戴。

无论是太田川还是江川，通常水量都很丰富，滔滔流淌，给沿岸的居民带来很多恩惠，可以说是上天赐予大家的"神水"。

然而，自然之神一旦发起怒来，瞬间就会暴发洪灾。近世以来，太田川共暴发过90余起洪灾。沿岸居民称这些洪害为"龙神之怒"或"水神作怪"，认为这一切都是人力所不能及的，只能逆来顺受。他们认为水也有精气，其背后有"神的存在"和"佛的力量"。

为免受水害的侵袭，沿岸居民会祭拜水神。据此调查

---

① 胁侍菩萨是修行层次最高的菩萨，其修行觉悟仅次于佛陀或等同于佛陀。在没有成佛前，常在佛陀的身边，协助佛陀弘扬佛法，教化众生。

发现，这些小神社创建于江户时代中期或末期。

这些小神社里全都流传着这样的民间传说："一天晚上，观世音菩萨出现在我的梦中，告诉我她沉到了河底，于是村民们都欢天喜地地将观世音菩萨的神像从河底捞出来，建立了祠堂，将观世音菩萨的神像安放在河畔的山丘上祭拜"。这样的民间传说一直流传至今。

这个传说和落岩地区的传说如出一辙。也就是说，关于黄幡神社起源的传说体现出的是一种"水神信仰"。这种自古以来的民间信仰在中国山地的河流流域一直被传承至今。

19. 受到歧视的鹚匠

广岛藩的贱民政策

关于三次地区被歧视部落起源的史料非常罕见，所以我们很难清楚地了解相关情况。

关原之战后，此前一直统治艺备两国的毛利氏被转封至周防国和长门国。备后国被封给了福岛正则。在次年即庆长六年（1601）的检地帐中，各地的村庄都记有"皮田"这一称呼。毛利氏将制造兵器、加工皮革的工匠称为"皮田"，这些工匠本由毛利氏直接管辖，福岛正则接管后沿用了这一称呼。

元和五年（1619），福岛正则因改建广岛城池而被改封他处。随后，幕府加封旁系的浅野氏为广岛藩四十二万六千石藩主，加封世袭的水野氏为福山十万石藩主。

18世纪初享保之前，幕府主要通过各藩的封建领主政策来实施贱民政策。换句话说，在江户时代初期，贱民层的命名、管制和课税，都由各藩藩主自由裁度，幕府并没有直接出台具体的贱民管辖方法，因此各藩的贱民政策各不相同。要想探究事实的真相，就必须认真调查研究各地遗留下来的史料。

17世纪中期，广岛藩的近世贱民制度逐渐得到完善。贱民由"革田"和"非人"这两种身份的人构成，当时官方并没有对其采用"秽多"这一称谓。在近畿以西地区，随着各藩不断加强对贱民的管制，当年太阁检地时曾被称为"革田"的底层民众大多被认定成"秽多"身份。可是，广岛藩对贱民的官方称谓一直是"革田"。

由于赋税繁重、农业歉收、频繁发生饥荒，广岛城等地及港口城镇中出现了很多流浪的非人，他们主要来自农村。根据文政时期的史料，这些流浪汉只在广岛城邑及其支藩三次市出没。

福山藩将贱民分为"秽多""茶刷""非人"三种类型，与广岛藩的贱民政策有所不同。（广島県部落解放研究所編『広島県・被差別部落の歴史』、橋本敬一著『芸備の被差別部落』、土井作治著『広島藩の非人支配について』）

那么，近世时期的贱民制度是以何为基础形成的呢？事实上贱民制度是以"死、产、血之三不净观念"为中心，以"洁净对污秽"这一宗教式的意识形态构筑而成的政治制度。换言之，贱民制度就是统治阶级为合法行使权力而创建的一种社会管理体系。

然而，如果无视根植于民俗土壤中的文化风俗和宗教思想，单靠强权政治是很难在短时间内创建并形成贱民制度的。幕府也是通过不断强化中世以来对特定职业群体的歧视，才逐步创建出了近世贱视观。

近代的贱民制度是以中世纪末孕育出的贱民观念为基础制定的。

史料明确记载，中世纪末期的艺备两国有各种各样的艺人，如"长吏""革田""河原人""茶刷""钵人""非人"，甚至还有"下级阴阳师""琵琶法师"等。这些人都是中世末期被歧视民众的后裔，他们在城镇边缘和村落边隅形成了小集团。

近世时期贱民身份的形成

为重新掌管这些集团，广岛藩制定了近世的贱民制度。当时既有从事捕鱼、狩猎的人；也有从事运输业的人，如马夫、车夫、摆渡人、船夫等；还有为寺院和神社服务的人，他们作为低级神职人员和寺奴在祭典时要做一些勤杂事务及清扫工作。上述这些人也都被纳入近世贱民制度的框架中了。

在广岛藩，这些人被统一称为"革田"，形成了"革田头（郡单位）—头革田（村单位）—平革田"这一统治体系。

在广岛藩沿着古道零零星星地分布着一些被歧视部落，这一点十分显眼。观察整个广岛藩被歧视部落的版图，我认为这些部落都是通过权力运作，有目的、有计划地建成的。根据广岛藩的政策，这些部落可能都是被迫远离此前的居所，被强制搬迁的。

拥有"革田"身份的人被强制要求服劳役，如低级警吏、捕快以及处理死牛死马的杂役等。此外，低级警吏还被强制要求进行武术训练。在广岛藩，武师会往来于各部落，将人们聚集到道场进行训练。在这次的走访中，我看到了相关的史料。

此外，我们也不能忘记贱民身份的形成与中世末期净土真宗的一向一揆之间的关系。我们特别要关注的是村上水军，他们反抗织田信长和丰臣秀吉的统治，支援了石山本愿寺教徒的起义。

从毛利氏时代开始，村上水军就以濑户内海的艺备诸岛为大本营发展自己的势力。本愿寺起义失败后，寺中的一部分掌权者投到了丰臣旗下。然而，村上水军中的底层民众一直与织丰政权战斗到最后一刻。这些底层民众遭到了毁灭性的镇压，最终不得不各奔东西。他们的结局是怎样的呢？作为受压迫的船夫、渔民，他们从来都没有登上过历史光鲜的舞台，也没有任何记录清楚地记述他们的结局。

当时，当局以加强岸防与海防的名义，在濑户内海的岛屿上设置了很多部落。我认为这些部落的民众很可能是被丰臣秀吉打败的村上水军的后裔。(冲浦『瀬戸内の民俗誌』岩波書店、1998；『瀬戸内の被差別部落』解放出版社、2003)

鸬鹚驯养受到歧视的历史

自日本古代、中世时期以来，这些民众受到了各种各样的歧视，不论什么时期都处于社会的底层。这些民众在社会底层担负着日本文化、产业和技术发展的重任，因而，如果忽略了他们的艰苦奋斗，就无从真正了解日本的历史。

从事渔业的民众被划分在"士农工商"四大阶层之外而遭受歧视，其原因主要包括以下两个方面。

第一，作为古代渔民的后裔、作为被大和朝廷征服的原住民的后裔，这些民众一直被世人视为无法融入农耕社会的"化外之民"。在律令制体系下，农民作为国民中的主流被视为良民、公民。而与之相对，这些渔民却不被视为天皇臣民中的主流。

第二，从奈良时代开始，世人受到了国教（佛教）的影响。自天武四年（675）以来，以严守佛教基本教义为由，历代朝廷相继颁布了《止杀令》。除猎户外，渔民也因其以杀生为谋生手段而被视为"下类"。他们作为违反戒律的"恶人"，受到各种各样的歧视。

鹚匠也不例外。驯养鸬鹚来帮人捕鱼主要是被歧视部落民众从事的营生，这决非历史的偶然。

据推断，在约2000年前的弥生时代，日本已经有人驯养鸬鹚来捕鱼了。大概在古坟时代，这种方式开始以畿内为中心向各地扩展。据《日本书纪》和《万叶集》记载，在吉野川和初濑川，即大和王朝所在地，驯养鸬鹚来帮人捕鱼十分盛行。

从奈良时代开始，日本的国家制度以律令制为基础逐渐得以完善。根据律令制中的《职员令》，大膳职负责从各国置办食材并安排宫廷膳食。而宫廷直属的鹈匠归其管辖。《令议解》中关于杂供户的附录内有如下记载:"鹈匠三十七户,船夫八十七户,纤夫一百五十户,上述三色人等,每年需进贡。"这些人按规定必须向朝廷进贡,每年供奉一定数量的香鱼、鲇鱼、鲫鱼等。隶属朝廷的这些渔民,虽然在身份制度上不同于奴婢等贱民,但仍比普通百姓低一等。

当然,全国的鹈匠不可能只有这 37 户。隶属朝廷并按规定需要向朝廷进贡的鹈匠在渔民当中还算是比较幸运的。在各地,还有一些以驯养鸬鹚为主业、勉强维持生计的小渔户,也有边务农边打鱼的人。

仿照中国的律令制建构的日本官职制中,那些不从事农业而从事商、工、医、巫、艺等行业的民众,因其没有进行"立国之本"的农业生产,而被视为"游食之徒。"

在数十个官营厂房劳作的工匠以及向朝廷进贡的各部落民众,大多被以匠人和杂户的身份来对待。也就是说,这些民众的身份比从事农业的普通老百姓还要低。中国的身份制度是以广义上的儒家思想为基础的,日本全盘吸收了中国身份制度中最主要的部分。(野間宏・沖浦『アジアの聖と賎』人文書院、1983)。

进入平安时代,鸬鹚捕鱼在全国范围内得以推行,甚至还出现在《源氏物语》《蜻蛉日记》等王朝文学作品中。在宇治川、桂川、高野川一带,十分盛行宫廷驯养鸬鹚。

《蜻蛉日记》是当时贵族自传式日记的代表性作品,天禄二年（971）七月的日记中，有这样一段记载。

> 夜幕降临的时候，鸬鹚船上亮起了数支火把。鹚匠划着船桨，鸬鹚船在河上翩然驶过。这情景真是美不胜收。我头痛得厉害，于是掀起帘子向窗外望去……我一直凭窗远眺，沉思至深夜。

这是描述夏夜宇治川鸬鹚船的一个片段。这盛夏的山水田园诗描述的是贵族们饶有兴致地观看鸬鹚捕鱼直至深夜的情景。其中，在鸬鹚船上捕鱼的是御厨所的渔民，他们在夜间点燃篝火，操控鸬鹚捕鱼。

但是，上述日记中所描述的内容都是贵族们赏玩的"观赏性鸬鹚捕鱼"。贵族们根本没有把为生活奔波劳苦的鹚匠放在心上。即使在律令制变成一纸虚文之后，世人依然还是轻视渔民、猎户等，认为他们是从事卑微工作的人。非但如此，可以说世人对他们的歧视变得更加根深蒂固。其原因在于佛教所倡导的"戒杀"理念在全国各地不断传播开来。

朝廷的贵族都信奉国教——佛教。为彰显佛祖的慈悲和王者的仁德，朝廷多次颁布"戒杀"的诏书，并举办放生动物的仪式"放生会"。即便是没有出家的普通百姓，也被要求遵守戒律，首先就是要"戒杀"。触犯杀生戒律的人死后会坠入阿鼻地狱这一思想逐渐深入民心。

出现在平安时期歌谣集里的鸬鹚文化

平安末期流行的歌谣集《梁尘秘抄》收集了当时处在

社会底层的舞女、妓女、巫女所吟唱的民间歌谣。大多数歌谣出自为维持生计而每天辛苦劳作的老百姓。可以说,这些是在日本歌谣史上值得大书特书、极具特色的民谣。

当时社会上流行着一种观念,认为平安末期是佛教衰败、道义荒废的世界末日。此外,还有一种恐惧的想法充斥着人们的内心,认为得不到佛祖佑护的老百姓死后只能坠入地狱。

歌谣集《梁尘秘抄》展现出老百姓悲哀的情怀。老百姓们有着自己的苦恼和不安,他们只能一味地寄希望于佛祖的佑护。此外,歌谣集里还隐藏着处于社会底层的"贱民"的深切悲哀。下述两首歌谣即是歌咏渔民、猎户无常人生的歌谣。

> 世事无常仍需过,
> 山中海上求收获。
> 杀生万千罪孽重,
> 今生纵逃忧后报。
>
> (歌谣大意:为在这无常的世间千方百计地生存下去,我不得不在大海和河流中捕鱼,在山中狩猎。由于这些杀生行为,所有的佛祖都将我抛弃。今生暂且不论,来世我将受到怎样的报应呢?我到底该怎么做才好呢?)

> 鹚匠身世谁可怜,
> 喂鹚甲鱼经千年。

细绳结颈索小鱼，

当世苟延后世难。

（歌谣大意：鹚匠真的好可怜。他以能存活千年以上的甲鱼用作鸬鹚的食物，然后用绳子绑住鸬鹚的脖子，以便让它将吞进喉囊的小鱼吐出。他做了这些杀生之事，今生虽然能够勉强生存下去，可来世又会如何呢？）

江川的落岩地区与石和川的岩落地区

在江川流域，有几个自古以来就驯养鸬鹚的地区。从古时候起，这里就盛行驯养鸬鹚来捕鱼。其原因有二：一是江川河口周边的海岸上生活着适合于驯养的海鸬鹚；二是这里有很多岩石和浅滩，在湍急的河流中香鱼等美味的河鱼数量众多。

但是，如今驯养鸬鹚的地方只剩下三次市的落岩地区了。落岩地区位于三次市城下町的正对岸，它原属高田郡栗屋村。据推测，在近世，落岩地区可能是一个位于城镇边缘、江川岸边的偏僻小村落。

从群山汇聚丰富的水资源而形成的西城川和马洗川，流经中国山地后，在快到三次市巴桥的地方汇合。这两条河汇合后向前奔腾大约一公里处，可爱川也汇入其中。从此处开始，这条河被称为江川。这三条河流在此交汇，并以旋涡状环绕三次市，而后浩浩荡荡地向北朝日本海流去。

落岩地区的村落位于深渊旁，这个深渊正是三条河流汇聚形成的。村落的后面是陡峭的悬崖。这里目前居住着50余户人家,其中有几户人家的房屋坐落于险峻的悬崖上。悬崖上有一条十分危险的小路。一旦踩空,就有可能掉下深渊里。这条小路是通往官道的唯一途径,是孩子们往返学校的必经之路。

听说那条小道至今依然存在,所以我请大森俊和先生带我去了那里。在光滑的岩石路上,如果不抓着树枝行走,就觉得会滑下悬崖。

"哎呀,前面的路很危险,还是不要往前走了。不过我们已经走了一大半了,我还是索性去瞧瞧前面的路况吧。"

大森先生沿着盘山路往下走。他脚下用力,踩实每一步,一直下到了深渊的附近。他抓住树木的根部,战战兢兢地向下观望。深渊里波涛翻滚,发出阵阵轰鸣声。没过多久,大森先生就转回来了。

"前面的道路已经被水流侵蚀,岩石也开始裂缝,不能再往前走了。"

——小孩们也要在这么危险的道路上往返学校吗?

"是的,战后还是如此呢。"

——脚一旦踩空,人就会掉入激流中啊。

"在这条小路上行走时,能抓住树就会好很多,可一旦不小心滑下小路,就完蛋了。看老地图可以知道,这里被称为'大涡'。人一旦掉入大旋涡,就没救了……"

——一旦发生强降雨,这里就会发生洪灾,就有可能遭到严重的破坏吧。

"是这样的。住在桥边那排房子里的人家都遭遇过洪水。湍急的水流真是汹涌地冲向房屋啊。转眼间水量就会增高两三米。这里的岩石常常含水量过大,会变得不结实,稀里哗啦地就倒塌了……"

——落岩这一地名就是由此而来的啊。

"是的,因为岩石不断地落下,所以……落岩也是一种受歧视的称呼……"

20. 甲州的杀生故事和谣曲"三卑贱"

以贱民杀生为主题

在此，我想到了谣曲《鹈饲》。该谣曲的主人公是一个驯养鸬鹚来帮自己捕鱼的老人，他住在甲斐国石和川（笛吹川）的岩落地区。落岩和岩落，这两个地名不只是简单的巧合，它们都是坐落在岩石不断崩落的悬崖边上的小渔村。

《鹈饲》的原作者是榎并左卫门五郎，后由世阿弥进行了改编。《鹈饲》是如今仍然时常上演的名曲。有记录显示，世阿弥于宽正五年（1464）五月，在京都的纠和原化缘能乐中表演了这一名曲。

《鹈饲》与谣曲《阿漕》《善知鸟》被世人并称为"三卑贱"，它们是以贱民的生活为主题的三首谣曲。《阿漕》《善知鸟》原作者不详，据推测也是由世阿弥改编的。"三卑贱"描述的是靠杀生维持生计的渔民和猎户的悲哀人生。

这三首谣曲作为室町时代的名曲，至今仍未丧失其艺术生命力，还时常上演。那么，为什么要将这三首谣曲称为"三卑贱"呢？

图 3-4 阿漕冢（三重县津市）

中世时期，猎户和渔民作为从事卑微工作的"山民""海民""川民"，处于被统治阶层中的最底层。他们为生存而触犯了"杀戒"，因此被世人视为身份卑微的贱民。换句话说，世人都认为这些民众违反了佛教的"杀戒"，因而罪孽深重，背负着坠入无间地狱的宿命。在江川的落岩地区与石和川的岩落地区，甚至在甲斐国的岩落地区，驯养鸬鹚来捕鱼的鹚匠生活在常有岩石落下的悬崖边上和危险的崖底。

梦幻能①中上演的《鹚饲》

中世时期，人们是如何看待驯养鸬鹚来捕鱼的渔民的

---

① 梦幻能是日本能乐的一种，以魂灵为主人公是其特征。

呢？刚才我所谈及的谣曲《鹈饲》能够一针见血地说明这个问题。现在让我们先来了解一下《鹈饲》的大致内容。

话说安房国清澄地区的僧人外出化斋，在甲斐国石和川河畔边上的会堂附近，碰到了一位驯养鸬鹚来捕鱼的老人。

一位僧人对老人说道："我看您也一把年纪了，继续捕杀活物是对佛祖的不敬，不如干脆弃此贱业，从事其他行业如何？"老人却回答道："您说的很有道理，但是我从年轻的时候开始就靠这个活维持生计，现在很难放弃了。"

同行的另一位僧侣说这个老渔民和两三年前招待过自己的那个渔民很相像。"在石和川下游的岩落地区，我碰到过一个和这位老渔民很像的鹚匠。我曾对他说过，你触犯了佛教中的杀生大罪，不应该继续以此为业了。可能他认为我说的话很有道理，所以就把我带到他家，好生招待了我一晚。"听完这些话后，那个老渔民就开口说："实际上我就是那个鹚匠的亡灵。"

然后，这位老鹚匠讲述了自己被杀害的具体经过。当年石和川上下三里之间是严禁杀生的。而在岩落地区周边，有很多人依靠鸬鹚捕鱼来维持生计。一到晚上，就有人偷偷溜到石和川用鸬鹚来捕鱼。于是当地人就在此蹲守，等待时机抓捕触犯"杀戒"的人。而不知道有人蹲守的老鹚匠就这样被抓到了，被人用帘子卷起来扔进了河里。他拼命挣扎并请求道："我不知道这地方禁止杀生，今后我一定不再干了。"但没有一个人救他，最终他沉入了河底……

听完这些话后，僧人说道："这真是骇人听闻。不过既然你已经对过去的罪孽有了忏悔之意，为了消除你的罪孽，请演示一下操控鸬鹚捕鱼的真实情景。我会为你虔诚祷告。"于是，这个老鹚匠向僧人表达了诚挚的谢意。他用带子系紧藤蔓编织的粗布衣，高举着沾满露水的火把，在涛涛的河水中演示了如何操控鸬鹚捕鱼。老鹚匠一心期盼这位充满爱心的僧侣能为自己祈冥福，他的身影逐渐消失在黑暗之中。

僧侣在石头上写下了"法华经"的字样，然后扔入河中为死者祈冥福。于是，地狱的鬼现身了。老鹚匠罪孽深重，本应永坠地狱不得超生，但因为他有招待僧侣一夜的功德，而进入了极乐世界……这首谣曲是这样结尾的：

……即便是恶人，但若能以慈悲心供奉寺庙，就会与佛法结缘，圆满佛果菩提。弘法利生，随缘度化。

梦幻能中上演这一剧目起源于流传在石和川地区的鹚匠传说。这个故事在近世以后被改编成了歌舞伎和人形净琉璃的剧目，时常上演。据说如今这条河里还留存着写有梵字的小石头。那位拥有无上慈悲之心的僧侣为可怜的老鹚匠祈冥福时，曾在小石头上写下梵字。

石和川的鸬鹚寺

即便是改编原曲的世阿弥，在日本古代律令制下也属于乐户一类。作为身份卑微的艺人,他的所作所为被贵族人认为是"乞食所行"。《鹈饲》的作者以深厚的感情凝望着渔民们的悲惨命运。在宿命般的苦海中,这些被视为触犯了杀生戒律的渔民,就这样在别人鄙视的目光中苟延残喘地活着。

前些日子,我探访了这个谣曲的起源地石和川,就是现在的笛吹川河畔地区。笛吹川发源于奥秩父连山,贯穿甲府盆地。它与江川一样,是一条每逢强降雨就会洪水泛滥的急流。每逢大洪灾,河流就会多次改道。我来到了鹈饲桥旁边的河滩上。由于实施了水利建设工程,这里的河水流速已变得舒缓了。但即便如此,一看到各处浅滩上的白色波浪,人们大概就能猜测出这里曾是波涛汹涌的急流。

在距离鹈饲桥200米左右的石和町(现为笛吹市),有一座与《鹈饲》相关的日莲宗远妙寺。谣曲《鹈饲》中并没有提及那位僧侣的名字,但大家都知道他就是日莲上人。因为从谣曲中我们可以清楚地了解到,这位僧侣凭借《法华经》的功力,帮助具有招待僧人一夜之功德的恶人脱离了生死轮回。

根据远妙寺的寺传,该寺是由日朗上人在13世纪末弘安年间创建的。据说曾到此处挂单修行的日莲,听闻这个苦命的老鹈匠的故事后,同情其悲惨的命运,花费三天三夜的时间,将一字一石的经石沉入河底,并以此来布施饿鬼而使老鹈匠得到解脱。

寺院的门匾上题有"鹈饲寺"三个大字。在这个面积

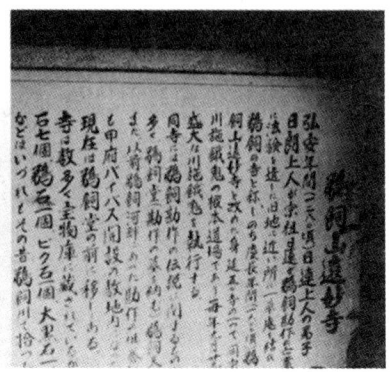

图 3-5 鹈饲山远妙寺

不太大的寺院内,一个人影也没有。也许是因为这个传说已经很难引起当代人的兴趣了吧。在寺院内,没有任何与鹚匠传说有关的遗迹。我四处寻找,终于在墓地的一个偏僻角落里发现了《鹈饲》中的主人公,即鹚匠老人的墓碑"勘作之墓"。

在这个眼看就要坏掉的破旧小祠堂中,有一座高约一米、长满苔藓的五轮塔。大概是没有人来参拜的缘故,五轮塔上一朵花也没有。虽然到目前为止还没有确凿的证据可以证明鹚匠传说的真实性,但在这附近生活的鹚匠中,也可能会有人和勘作有着同样悲惨的命运。

可是,也有传说称勘作实际上是指平清盛同父异母的弟弟平大纳言时忠。据说平大纳言时忠因罪被流放到了这个地方。他操控鸬鹚捕鱼,触犯了石和川的杀生戒律。当地武艺高强的和尚发现此事后,将其投到了河里。这大概也是"贵种流离谭"[①]的一种,即后人为了使勘作的名字能够保留在艺能史上而捏造出来的。

我在寺院里四处走动,终于发现了几个和鹚匠传说有关的墓碑。这些墓碑大概都是江户时代的,可能是在《鹈饲》被编成剧目出名后,由渔民的亲友建起来的。

石和川已经绝迹多年的驯养鸬鹚捕鱼项目也于几年前得到恢复,主要目的是为了让周末来石和川游览的游客观赏。游客观赏的不是大规模的"船鸬鹚",而是自古传承下来的、由鹚匠在岸边亲手操控鸬鹚捕鱼的"徒步鸬鹚"。夏天的夜晚在这里欣赏鸬鹚捕鱼的游客中,恐怕很少有人真正知道流传于此地的鹚匠传说的由来吧。

探寻三次市驯养鸬鹚捕鱼的起源

与三次市驯养鸬鹚捕鱼相关的历史记录只是零星地散见于江户时代后期的《艺藩通志》《艺藩辑要》等文献。即使是在藤井芳太郎先生参阅古代文献撰写而成的《三次市鸬鹚驯养记》(1926)中,令人遗憾的是,重要的史料也不多,并没有出现可以探究三次市驯养鸬鹚之起源的史料。根据此书的记载,明治16年(1883),凤源寺火灾使此前留存的有关驯养鸬鹚的史料全部烧毁,十分令人惋惜。

根据落岩地区长期以驯养鸬鹚捕鱼为业的上冈先生的

[①] "贵种流离谭"是日本文学作品的一种类型,指出身高贵的人流浪异乡。

讲述，他爷爷曾经保存过一些记载如何驯养鸬鹚以及如何操控鸬鹚捕鱼的古老史料，但因为遭受多次洪灾，最终这些资料也都残缺不全了。

那么，在江川流域，渔民是从什么时候开始驯养鸬鹚来捕鱼的呢？在夜间举着火把沿河行进，操控鸬鹚捕鱼的"徒步鸬鹚"是否自古有之呢？据推测，从弥生时代后期到古坟时代，这种捕鱼方式在这里已经开始出现。由于石见地区是海鸬鹚的栖息地，因而这里有可能是最早驯养鸬鹚的地方。

但是，鹚匠在船上同时操控多只鸬鹚的"船鸬鹚"应该是很久之后才出现的。据说浅野长治成为第一代三次市藩主后，如今的"船鸬鹚"才得以在三次地区流传开来。浅野长治是一位在很多领域都有所建树的开明藩主，他在经济上实行了产业振兴的政策。据说浅野长治因"参勤轮换"制度而前往江户，他途经长良川时，看到了长良川渔民操控鸬鹚捕鱼，于是就将这种技法带回了三次市。这被认为是三次市"船鸬鹚"的起源。

宽永十二年（1635），"因参勤轮换，长治公途经美浓国方六县部郡七乡，求得香鱼卵，其后投入此河繁殖，又将原产于山城国淀川的鲤鱼苗投入河中养殖"。另外，"设立鹚匠监管衙、河道总督衙、船舶管理衙等衙门"（《艺藩辑要》）。上述内容被认为是史料性的依据。

此处存在的一个问题是，江川本身就出产大量的香鱼，因此浅野长治将长良川的香鱼卵放入江川这件事就很值得商榷。

另一个问题是，当时官府制定了鹚匠管理制度，通过统一管理鹚匠来控制河鱼捕捞情况，并且规定鹚匠有义务向藩主贡纳香鱼。因此，驯养鸬鹚捕鱼的技法不可能是从长良川新引进的。

自古以来，山阴地区的海岸上就栖息着很多鸬鹚，这里的河流鱼类繁多，水量充沛。也就是说，这里一直就是一个适宜驯养鸬鹚的好地方。在江川流域，很久以前就有驯养鸬鹚的传统，这一点毫无疑问。浅野藩自此时起将江川流域的自古传承下来的鸬鹚捕鱼纳入藩政管辖。此外，还引进了长良川的鹚匠监管制度，设立了鹚匠监管衙门。

或许浅野藩在当时引进了比原始的"徒步鸬鹚"更需要技巧控制的"船鸬鹚"技法，但是由于缺少详尽的史料，我不敢对此妄加断言。长良川作为特供幕府的香鱼产地一直受到特殊的保护。浅野藩从长良川引进的很可能是鹚匠管理制度和"船鸬鹚"技法。

基于古代文献而撰写的《三次市鸬鹚驯养记》也记载着如下内容："浅野长治带回了一个名叫大泉的渔民，并从江户招收了从事水产养殖的福田三右卫门和从事宰杀烹饪的石寺勘大夫。并在城外乡村的池塘附近建起了养殖场。这个名叫大泉的渔民同鹰匠一样享有武士的待遇。作为鹚匠，大泉被赏赐禄米十石、黑漆帽以及短蓑衣。浅野长治还派人从北海运回十艘渔船和几十只鸬鹚。"

虽然从长良川招来的鹚匠大泉享有武士的待遇，但他终究也只是个驯养鸬鹚的渔民的领头人而已。他手下的众多渔民恐怕仍旧还是被世人以"川民"这种贱民身份来对待。

据天保年间的记载："废除鹚匠此前所有的待遇与财帛赏赐。任命川渔代表，每人仅给予三人份的米粮。"之所以会这样，或许是因为藩主财政匮乏的缘故吧。据乡土史学家黑田明宪推断，鹚匠管理制度在天保年间已经瓦解，鹚匠的身份和地位也发生了很大变化。

流传至今的"徒步鸬鹚"

近世后期的鹚匠管理制度的确是因故发生了变化，但由于史料不足，我们很难了解详情。然而，我认为鹚匠中此前一直受藩主庇护的领头人不太可能一下子就被贬为贱民。同时，也不太可能是因为鹚匠管理制度遭到废除，而使得居住在江川流域的被歧视民众开始学习"船鸬鹚"这一新式捕鱼法。

之所以这样说，是因为这种捕鱼技法需要父子相传并长时间训练才能熟练掌握，不可能在一个完全不相干的地方突然就兴起。

在江川流域，自古以来就有"徒步鸬鹚"的传统。在三次市，自战国时代起就有鹚匠用绳子拴着鸬鹚，赶着两三只令其沿江川河岸捕鱼。可以认为这是"船鸬鹚"兴起前最原始的捕鱼技法。而如果采用的是同时操控多只鸬鹚的"船鸬鹚"技法，则在过冬的时候也必须要饲养鸬鹚，十分麻烦，若没有一定的资金做支撑，很难维持下去。但是，如果采用的是"徒步鸬鹚"技法，那么即便是小渔户也可以勉强维持下去。

浅野藩对居住在江川流域的渔民进行了统一管理,并根据藩里的政策,从长良川引进了鹚匠管理制度。但是在天保年间,鹚匠管理制度发生了剧变。进而,在明治维新时期,长良川等地的藩政保护监管制度全部被废除。这使得驯养鸬鹚捕鱼完全成了自由职业。

就这样,自从没有了保护监管制度,江川流域的渔民就只是勉强传承了自古以来的驯养鸬鹚捕鱼的技法。我认为上述技法可能就是如今三次市的这种鸬鹚驯养法。

有史料证明了这一点。《艺藩通志》第290卷中,在介绍三次郡"物产"的章节中出现了如下重要证据。

> 香鱼产于日下村难濑,个头大且风味尤佳。当地大河甚多,鹚匠亦人数众多,且技法娴熟,一人可操控六七只鸬鹚捕鱼。唯其所行与屠户无二。

如上所述,江川流域确实有很多鹚匠。文中记载着鹚匠使用六七只鸬鹚捕鱼,技法十分娴熟。这些鹚匠都不是受浅野藩鹚匠管理制度管辖的人。从断言其"与屠户无二"这句话,就可以清晰地看出这一点。这里的"屠户"指的是住在江川流域的被歧视民众。

流传至今的"败战尼子武士"的故事

此前,我就三次市鸬鹚驯养的起源和历史进行了广泛研究,发现了一个不能忽略的民间传说。该传说称中世末期战败的尼子武士逃亡到江川流域，开始靠驯养鸬鹚捕鱼维持生计。

在这次调查中，我得到了研究鸬鹚驯养历史的乡土史学家森永泰辅与黑田明宪的帮助。他们请我观看了记录上冈意则等鹚匠如何驯养鸬鹚的影片，实在令人惊叹。

黑田先生在此之前也搜集了很多有关三次市鸬鹚驯养历史的资料。其中有一条线索可以呈现出三次市鸬鹚驯养的起源。那就是当地遗留下来的民间传说。其主要内容如下。

> 永禄年间（1558~1570），尼子和毛利在这个地方展开了持久的攻防战，战败方尼子的余党藏身于山中，企图东山再起。但因主君遭到毁灭性打击，所以他们东山再起之愿望也成了梦幻泡影。于是他们只能通过捕鱼、卖鱼来勉强糊口，逐渐就变成了渔民。那时的捕鱼法是一个人高举着火把站在水边，另外一个人在一两只鸬鹚脖子上套上绳套，然后将它们放入水中来捕鱼"。（三次市教育委员会编『三次の鵜飼の起源と川漁』）

上述民间传说认为是逃亡的败战尼子武士开创了江川流域驯养鸬鹚捕鱼的历史。即使从历史的角度来看，这个传说也意味深长，可以激发我们的想象力。我们不应该仅将其看作荒唐滑稽的传说而弃之不顾。

尤其是在山阴地区、中国地区，尼子传说与民众受歧视的历史密切相关。那么，为什么可以说三次市的鸬鹚驯养历史与尼子传说息息相关呢？我认为可从以下三点来进行说明。

第一，我推测山阴地区的被歧视民众和逃亡的败战尼子武士实际上有一定关联。中世末期在出云、石见地区有被称为"钵人"的贱民阶层。

他们原本是僧人空也的后裔，继承了起舞念经的传统。他们行走于各地化缘，口念"南无阿弥陀佛"，宣讲"无论贵贱、性别，所有的人都可以在死后往生极乐世界"。他们结成了被称为"钵人"的小群体，实际上发挥着与大和的声闻师异曲同工之作用。

进入战国时代，尼子一方将"钵人"势力组织在了一起，并冠以"十阿弥"之称。文献中记载着，在尼子晴久掌权之时，权阿弥、松阿弥等人在战斗中奋不顾身。近世以来，这些人主要从事竹编工艺、捕鱼、摆渡、祭祀警备、流浪艺人、下级警吏等营生。

我对败战尼子武士的传说十分感兴趣，所以就与黑田先生探讨了一番。

——四处传播败战尼子武士传说的人是"钵人"出身的流浪艺人吧？

"这种可能性很大。可能'钵人'出身的人也是把自己当成了尼子势力的一员，他们为自己能够奋战到最后一刻而感到自豪。"

——传说败战的尼子武士逃到江川流域后，作为

图 3-6 钵扣（《七十一番职人歌合》）

渔民生存了下来。这个故事大概是怎样的呢？

"这个故事一直流传至今，但实际上却没有能证明其真实性的史料……"

——听说广岛藩广岛城下的革田头也保存着记载自己的祖先是败战尼子武士的古文献……

"这也是真伪难辨啊。但根据古文献，广岛藩的革田头嘉右卫门原本是尼子的家臣，随后侍奉毛利家，获赐安艺郡温品村的一处房宅。这个故事也与败战尼子武士直接相关。"

第二，有说法认为那些与败战尼子武士传说相关的故事都是虚构的，只不过是一种"贵种流离谭"而已。当时受歧视的民众常常硬将自己的祖先说成是身份高贵的贵族，想尽办法从周围人的鄙视目光中逃脱开来。因此，不仅仅是"钵人"这一群体，中世以来各地历史悠久的贱民阶层也都创作出了许多表述自身来历的煞有介事的民间传说。这些被歧视的民众正因为处在严格的身份等级制度中，饱受压制和歧视，所以期望至少在精神层面可以提高自身的身份地位。他们的愿望投射在这些故事中。

据说战国时代的勇将尼子氏出身于近江源氏。对武士来说，这可谓是拥有贵族家世。另外，企图东山再起却再次全军覆没的山中鹿之助等尼子十勇士的故事，经常作为英勇的忠臣故事被改编成戏剧和物语。在我们年少的时候，有名的尼子十勇士的故事甚至还被编入了教科书，在孩子们中广为流传。

实际上，"钵人"与败战尼子武士的传说也有一定关联。有史料可以证明这并非是虚构的"贵种流离谭"。但是，在中国地区，和"钵人"一样受到歧视的贱民"茶刷"称其祖先为平将门，则完全是虚构的。

然而，我非常感兴趣的是，这些人竟然把反抗大和朝廷最终以惨败收场的将门看作自己的祖先。对于底层民众而言，郁郁不得志并以悲剧收场的英雄人物正符合他们"贵种流离谭"中的主人公形象。

第三，不管三次市的鹚匠和败战的尼子武士之间是否

图 3-7 卖茶刷的人（《历代风俗写真大鉴》）

真正有关联，这一民间传说都间接地表明了驯养鸬鹚捕鱼的技法真正起源于石见地区。实地考察时，我发现落岩地区民众的姓名好像大多和三次市民众中常见的姓名没有关系。经多方调查后，我推断落岩部落可能起源于江川流域的下游、江川入日本海之处。

在落岩部落前方河中水流湍急的浅滩上，有一小块被称为盔岩的岩石向前突起，不断受到激流的冲刷。据说败战的尼子武士逃到此处时，曾在这块岩石上摘掉了沾满鲜血的头盔。如今，这块岩石依然遥遥地守望着落岩部落。它经受了几百年间激流的洗礼，一直默默地注视着历史的进程。

21. 鹚匠的往事回忆

丰富的表情和坚强的意志

上冈先生作为鹚匠，被认定为非物质文化遗产传承人。他的家坐落于刚才我们所看到的悬崖上。沿着陡峭的小路可以登到崖顶。那里的视野十分开阔。从上冈先生家的庭院里可以一览无余地看到三次市周边的群山和河流。

上冈义则先生今年68岁。他笑着迎接我说："啊，终于把你盼来了啊。"他虽然上了年纪，可背部却很挺拔，脸部的皮肤、气色也很显年轻。

上冈义则先生说话时表情丰富，语调不慌不忙，给人一种富有责任感且意志坚定的感觉。我向他打听了很多事情，了解到他是一个内心善良、重情义的人。我一共拜访了上冈先生两次。他给我讲了很多事情，他的人格魅力深深地吸引了我。

可能是常年锻炼的缘故吧，完全看不出他已年近七十。与其说他是一个老人，倒不如说他是一个筋骨强壮的壮年。他不仅走路速度快，操控鸬鹚的动作也十分敏捷。

不过，也难怪他是如此这般状态。他需要登上竹叶形状的细长、平坦的鸬鹚船，站立好几个小时操控鸬鹚。的确只有腰腿有力才能胜任这份工作。百谈莫如一试，我也上了船，可是仅仅在船上站着我都感觉很费力。小船刚一划动，我就失去了平衡，根本站不稳。

鹚匠可是个艰苦的重体力活。手中每根绳索上都绑着一只鸬鹚。要寻找有鱼的地方就要在湍急的河流中四处移动。这要求鹚匠必须左手握住绳索，右手根据鸬鹚的动向来回操纵绳索。一次要同时操控8~10只鸬鹚。由于每只鸬鹚都是各随己愿地潜入水中捕鱼，难以集中在同一个方向上，要操控好鸬鹚，就需要有超强的臂力和瞬间决策力。

这是一个重体力活，比想象中要艰苦很多，光站在细长不稳的小船上就很困难，更别说还要用绳索操控10只鸬鹚，让它们一个个自由地去水中捕鱼。鹚匠需要一边操纵绳索，一边观察，一旦看到有鸬鹚吞入香鱼，就得立刻把它们拽到船上，让它们把鱼吐出来。然后，再立刻把鸬鹚放回水中。如果鹚匠的腰腿不强健，没有出色的运动神经的话，恐怕连10秒都坚持不住。

如今操控鸬鹚捕鱼主要是为观光服务的，鹚匠呆在鸬鹚船上的时间即便是在夏季也只有五六个小时。但是在战前，鹚匠是靠驯养鸬鹚捕鱼来维持生计的，当时必须从傍晚开始捕鱼，一直持续干到凌晨4点左右。只有这样，他们才可以勉强糊口。

——那您是从多大年纪起登上鸬鹚船的？

"这个啊,从念高小的时候开始,放学回来就很少有玩的时间了。我得帮父亲用延绳法捕鱼。当时生活很艰辛,小孩子心里也会想着要尽量给大人帮忙。

父亲也觉得这是一个重体力活,他也希望能多找个人搭把手。我从16岁起便帮父亲当舵子了。舵子就是坐在鸬鹚船尾,用木桨划动船只的后桨手。在完全熟练之前,这也是一份相当艰辛的活。"

——您做了几年后桨手?

"我做了三年后桨手。之后便在父亲的船上,跟着他依葫芦画瓢地操控鸬鹚。大概又花了六七年的时间,才勉强能够操控鸬鹚了。

那时年轻,所以力气大,但光靠蛮力,没法操控鸬鹚。即便每年都上鸬鹚船,大概也要花上近10年的时间,才能完全领会窍门,并掌握操控鸬鹚的技法。

夏天河鱼渔,冬天竹细工

——那么您是从什么时候起自立门户的?

"这个啊,我和父亲一起同船干了10年。有一天傍晚,我做好了夜间捕鱼的准备,把鸬鹚全部放了出来。正准备出发的时候,父亲朝我这边扫了一眼,然后把短蓑衣'啪'地一下扔给了我。

当时,我心头猛然一惊。我望着父亲,父亲罕见地一脸严肃,目光炯炯。我突然明白了,啊,父亲这是想让我自立门户啊……"

——那时，在三次市操控鸬鹚捕鱼的鹚匠共有多少人？

"称得上是鹚匠的，能操控鸬鹚捕鱼的渔民，在落岩地区有10个人，稻荷町有2个人，十日市的西町有1个人，总共13个人，也就是说共有13艘鸬鹚船。追着鱼群，沿江川顺流而下来，或者沿支流逆流而上，一晚上要移动三四里。而且，这不只是划船，而是要一边到处寻找有鱼的地方，一边操控10只鸬鹚，这可不是个轻松活。"

——那时人们生活得怎么样？

"即便是从夜里干到凌晨，生活还是很艰难。以前香鱼很多，但价格便宜。即便捕到很多，也赚不了多少钱。夏天存下的钱，很难维持一整个冬天的生计。即便早早就起来劳作，付出比别人更多的精力，也只能活到这个程度。"

——能操控鸬鹚捕鱼的季节结束后……

"能操控鸬鹚捕鱼的季节结束以后，父辈们就开始做竹编。这也是每天干到很晚，却赚不了几个钱的活。所以人啊，一年从头到尾都在忙碌。"

在中国山地附近有几十个被歧视部落，其主要谋生手段就是竹编工艺。在落岩地区，夏天人们主要靠饲养家禽维持生计，冬天靠竹编工艺维持生计。（沖浦『竹の民俗誌』岩波新書、1991）。

"做竹编工艺的人，一般也钓鳝鱼、裸头黄颡鱼。大家采用的是所谓的延绳钓具法。在鱼竿上打个针结，鱼饵使用河虫、苍蝇和泥鳅。傍晚把钓具下到河里，早上收钓具。也有人从11月起就上山捕猎，在后山四处捕捉黄鼬和狸，鞣皮子卖。这个活可以干到1月中旬。然后3月又开始陆续下河捕鱼。5月之前使用延绳钓具法，到6月，禁止捕捉香鱼的禁令一解除，就进入了操控鸬鹚捕鱼的旺季……人们年复一年地重复着这些营生。"

"鹚匠""后桨手""火把"

——战前，鸬鹚捕鱼是什么状况？进入旺季以后，大家每天几点开始下河捕鱼？

"鹚匠从傍晚开始做捕鱼的准备，挨只观察鸬鹚的状态，把有精气神的鸬鹚赶到船上。鹚匠们要寻找有鱼的地方，常常划着船沿河逆流而上2里左右。因为是逆流而行，途中要一边迎着风浪一边前行，所以相当耗时间。

太阳落山后，天刚一变黑，鹚匠们就会马上把鸬鹚放入河中。为了追逐鱼群，鹚匠们驾驶渔船一会儿顺流而下，一会儿逆流而上，直到第二天凌晨。回来稍一合眼，天就亮了，鹚匠们就要拉着大拉车到农村去买麻杆。

——所谓的麻杆就是剥去麻的表皮后剩下的茎吧。

"以前都是点松明火把。后来三次市周边种植了大量的麻类植物,于是鹈匠们就将买回来的麻杆捆在一块儿点燃。借着火把的光亮,让鸬鹚追香鱼。

所以,自古以来操控鸬鹚捕鱼就需要'鹈匠''后桨手''火把'三个人同时在船上。但是,在我上小学的时候,我叔叔十次郎去福冈县看过那里的鸬鹚捕鱼,看到了他们使用的火把。人家用的是木炭,很方便。于是他回来后立刻让镀锡铁皮店加工木炭炉子,随后用木炭点火照明的方式就这样普及了。那是我上小学时的事。之后就不需要'火把'了,只需要两个人驾驶鸬鹚船了。"

——这样白天就不用拉着大拉车去买麻杆了呀,因而会轻松很多吧……

"自从使用木炭,真的变轻松很多。有了木炭,可以很快做好准备。但即便如此,因为这是一份睡眠时间很少的艰苦活,所以身子骨单薄的人根本没法胜任。鹈匠的老婆也得很能干、能管家才行。毕竟,当家的需要彻夜外出劳作,回来时累得连腿脚都动弹不了。"

地名的含义

——落岩这个地名果然是指从岩石崩塌落下……

"虽然不知道这个地名是什么时候起的,但的确是因为这种地况而得名的。房屋后面就是陡峭的悬崖,房屋紧贴悬崖,水会顺着岩石流淌到家中。一到冬天,岩石之间渗着的水就冻住了。岩石会突然间就鼓起来，然后轰隆一声就滚下来。只有住在这里的人，才能体会到这种生活有多凄惨。这真是很惨的事。因为搞破坏的是大自然，所以我们也没地方去抱怨。提到道路，像刚才我们经过的，只是一条悬崖下方的狭窄小道，只有一尺宽。走到悬崖边时，只能一边抓着岩石，一边缓慢往前走。对于孩子们来说，这是一条危险的小道。现在想来，孩子们也真不容易，竟然要走这样可怕的小道去学校上学啊。"

——听说只要人们提起自己住在落岩地区，别人就会用歧视的眼光来看待……

"提起落岩这个地方，人们的表情就会变得很惊恐，会说落岩是一个可怕的地方。该怎么说好呢，人们的确还是在用一种歧视的眼光看待落岩。仔细想来，这的确很过分。一旦发生什么事，落岩的人总要受到众多指责，人们总会戴着有色眼镜来看我们。

明明我们什么都没有做，可却总是要受到那样的对待。落岩人为了反抗这些歧视，只得团结在一起。一旦发生什么事情，大家都会集体行动。若一个人去的话，就会被人欺负，什么也做不了。三次地区的人本身就比较粗野。而落岩人又被认为是其中最粗野最强悍的。

这里有很多渔民，也有带枪的猎户和很多狩猎用的猎犬。他们大多数都是生活贫苦的穷人，住的地方就像刚才提到的，环境十分艰苦。这些都会受到歧视，遭到城里人异样的眼光。于是落岩人也只能抱团在一起。这可以说是一种恶性循环。"

——可是，落岩人真的内心都很善良。我在村子里闲逛，听老人们聊天就可以知道……

"的确是这个样子的。即便打架，也不会是落岩人主动挑衅对方。落岩真的没有一个人内心邪恶。大家都很老实，重情义，容易动情流泪。落岩真的是一个很有人情味的地方，这里的人都宁可自己吃亏也要对得起别人。因为大家生活都很艰辛，所以会相互帮助。即便自己吃亏，也要帮助有困难的人。这里虽然很穷，但有很多内心善良的好人。这一点至今都值得我们骄傲。"

驯养鸬鹚的秘诀

鹚匠上冈先生家的庭院一角有一个近60平方米的鸬鹚棚。乍一看还以为是个类似大仓库的临建窝棚，其实这是鸬鹚棚。

从入口到鸬鹚棚中央，是近18平方米的三合土铺的地面。鸬鹚们的围子沿着右手边的墙壁排成一排。在每个用铁栅栏隔开的近3平方米的围子内，各放着两只对脾气的鸬鹚。

鸬鹚本就是生性刚烈的猛禽，若将十几只鸬鹚放在一个围子里生活的话，就会不断发生骚动，因而才将它们分

图 3-8 鸬鹚棚

别放在用小铁栅栏隔开的围子中。往渔船上运送鸬鹚时，需要把它们放在一个方形竹笼里，背在肩上。这时可以将平时住在一起的两只鸬鹚放在同一个笼子内。如果不小心将不同围子中的鸬鹚放在同一个笼子里，那么两只鸬鹚就会打得很厉害。鸬鹚就是这样好胜心极强的鸟。

鸬鹚棚的左手边有一个 18 平方米左右的池子，这是鸬鹚们的游泳池。或许鸬鹚棚中那 18 平方米左右的三合土铺的地面就是它们的运动场。

我 5 月来的时候，所有的鸬鹚都在运动场里。那是我第一次见到鸬鹚。我走近一看，它们的眼睛咕噜咕噜地转着，表情十分可爱。我一下子就喜欢上了它们。

在最里面的栖木旁边住着一只年老的鸬鹚，头部羽毛已经白了很多。鸬鹚们从最里面向入口处，由内而外"长幼有序"地排成一列。来得越晚的鸬鹚,离入口处越近。我一进小屋,它们就齐刷刷地朝我这边望过来。当我拿着照相机走近铁栅栏时,它们又佯装不知地把头扭向一边,不理睬我。它们的眼睛很大很敏锐,十分可爱。

众所周知,鸬鹚是候鸟。由上百只鸬鹚组成的鸬鹚群低飞掠过大海,在繁衍地和越冬地之间进行远距离迁徙。对它们来说,这种迁徙是性命攸关的大事。

迁徙时,由年长的鸬鹚领头,随后按照年龄从大到小依次排序。鸬鹚总是和同伴们过集体生活。鸬鹚们会形成以年长鸬鹚和强壮鸬鹚为核心的共同体,保持集体生活。

据说世界共有 32 种鸬鹚。在日本有暗绿背鸬鹚、河鸬鹚、海鸬鹚、红脸鸬鹚 4 种。

一直以来鹚匠们驯养的都是鸬鹚当中体格最大、身体最强壮的暗绿背鸬鹚,其身长约 40~45 公分,体重 2.5~3 公斤。嘴的前端尖锐,呈弯曲的钩形,长度达 8 公分。这样的嘴很适合捕鱼。鱼一旦被它们抓到,不管怎么挣扎都难以逃脱。

此外,暗绿背鸬鹚很显眼的地方是其颈部,平均长度在 25 公分左右。

"鸬鹚会把香鱼吞入长长的颈部。你知道鸬鹚每次可以吞进几条鱼吗?"

——这个啊,两三条吧……

"不,不对,每次可以吞进 10 条以上呢。"

——啊,这么多啊……

"即便是30多公分长的鲤鱼，鸬鹚也可以把它完整地吞入颈部。它们嘴里面没有牙齿，正好适合吞鱼，鱼身上也不会留下伤口。这样一来，相对于用渔网捕鱼或钓鱼，鸬鹚捕到的香鱼是最值钱的。"

鸬鹚嘴里没有牙齿，不能咀嚼，因而可以把鱼整条吞下去。听着上冈先生的解释，我终于明白了"整吞"这个词的含义。

鸬鹚腹部后面短小的脚相互交错着往前伸，笨拙地走着，发出呱嗒呱嗒的声音，样子十分可爱。鸬鹚4个脚趾间有全蹼，适宜游泳和潜水。全身黑毛，只有背部的地方带点青绿色，铮亮发光。尤其是在有月光的夜晚，羽毛看上去着实漂亮。

鸬鹚是一种聪明的鸟类

在欧美，人们称鸬鹚为crbomarino或cormoran，意思是"海乌鸦"。鸬鹚的体形整体上呈流线形，非常适合潜水捕鱼。听上冈先生说，鸬鹚的体格越大、越苗条，捕到的鱼越多。

鸬鹚是一种聪明的鸟，熟悉环境后就会与人亲近。据说，年轻的鸬鹚更喜欢与人亲近。像我这样的陌生人一进入鸬鹚棚，它们立刻就警觉起来了，但同时又假装不知地把头扭向一边，不理睬我。但是，当上冈先生进入鸬鹚棚后，它们就会发生180度的大转变，发出小小的躁动声。

鸬鹚不停地快速地眨着大大的眼睛。由于双眼正对前方，因而鸬鹚能像人一样用两只眼睛向前看。日语中"鸬鹚的目光老鹰的目光（目光敏锐）"这种说法就出于此。

鸬鹚最高兴的时候就是鹚匠帮它们按摩长颈的时候。当鸬鹚把长颈放在上冈先生的腿上，上冈先生用力帮其按摩时，鸬鹚就会陶醉地闭上眼睛。鹚匠每天都会帮新来的年轻鸬鹚按摩，这些鸬鹚慢慢地就和饲养者熟悉了。大概鹚匠用力帮它们按摩会让它们梦到离别的母亲吧。

古时候三次的鹚匠们购买的都是在山阴海岸上捕获的鸬鹚。但是，很早以前山阴地区就已经捉不到鸬鹚了，所以鹚匠们就开始购买在茨城县高茨附近海岸上捕获的鸬鹚。听说现在买一只鸬鹚要 3.8 万日元。

野生的鸬鹚脾气刚烈，再加上喙像剃须刀一样锋利，十分危险，所以它们被送过来时嘴一直都是绑着的。新鸬鹚刚一到，鹚匠们就会马上给它们的嘴松绑，用锉刀矫正它们的嘴形，并且还要剪掉翅膀上的一部分羽毛以防它们飞跑。但是，鹚匠不可以将新来的鸬鹚立即放入围子中，因为老资格的鸬鹚会欺负新来的。在完全适应环境之前，鹚匠要把新来的鸬鹚另放在鸬鹚棚外面的笼子里。

新来的鸬鹚是纯野生的，嘴刚一被松绑，立刻就会向人扑来。听上冈先生说，当鸬鹚第一次大闹时，鹚匠不能因怕受伤而逃避。换而言之，鹚匠一旦被鸬鹚轻视，就很难再让鸬鹚听自己的话。因此，当鸬鹚大闹时，鹚匠要用整个身体去压住它们，并缓慢地抚摸它们修长的颈部，这样鸬鹚慢慢就会被驯服了。

21. 鹚匠的往事回忆 | *243*

图 3-9 抚摸鸬鹚颈部的上冈义则先生

"怎么说呢,就像抚摸淘气的孩子一样,缓慢地抚摸它们。在它们习惯之前要花费相当长的时间……"

我看了看上冈先生的手,发现他的手伤痕累累。另外,我听说这些鸬鹚相当顽固,在习惯新环境之前,即便其面前放着鱼,它们也不会吃的。

"不管怎么说新来的鸬鹚年纪都不大,当然想和伙伴们在一起。它们也很想念父母和故乡。"

鸬鹚头领

鹚匠每天都要把初来乍到的鸬鹚放到笼子外好几次。鹚匠要一边与其打招呼,一边抚摸其颈部,慢慢驯服它们。两三天以后,鹚匠就开始训练它们在河里游泳。最初,新来的鸬鹚怎么也不游。因为外部环境从大海变成了河流,所以新来的鸬鹚至少需要一个月的时间才能完全适应。

在这些鸬鹚学会捕鱼前，鹚匠要给它们喂食并训练它们。当新来的鸬鹚开始和老资格的鸬鹚一起游泳时，会模仿这些老资格鸬鹚们的动作，逐渐掌握捕鱼的本领。鹚匠也要耐心地教新来的鸬鹚如何进入鸬鹚笼以及如何停在船边。

鸬鹚原本就过着群居生活，所以融入同伴不会花太长的时间。而且它们具有很强的学习能力，两三个月下来，新来的鸬鹚就可以跟在前辈们的后面下河捕鱼了。

进入春天，随着捕鱼季节的逼近，鸬鹚们每天都要下河接受训练。老资格的鸬鹚稍经训练，立刻就会明白鹚匠的意图，重拾之前的捕鱼诀窍，努力进行团队合作。

但是，因为新来的鸬鹚还不熟悉情况，所以鹚匠一次同时操控10只鸬鹚比较困难。比如，要格外留意9只老资格鸬鹚和1只新来的鸬鹚混搭的情况。听说，有时新来的鸬鹚会使鹚匠操纵绳索的手失去平衡，导致整个鸬鹚群处于混乱之中。

即使上船歇脚，鸬鹚们也要在船上整齐地排成一列。尽管在河里鸬鹚可以各自随意地捕鱼，但是上船后就会迅速排成一列休息。停立在船头的是一只脾气最暴烈、具有领导风范的鸬鹚，即鸬鹚头领。为取得这个席位，起初鸬鹚们要争斗一番，但是一旦席位确定后，一段时间内就不会发生变化。

——停立在船头的那只鸬鹚几岁了？

"那只 8 岁了,性格十分刚烈,经常刁难其他鸬鹚。"

——为什么鸬鹚愿意停立在船头呢?

"鸬鹚们喜欢站在高处,因而都争着站在前面,有时会引起很大的骚动,可一旦有了胜负之分,它们就不会再争执了。"

——这就好像对号入座一样……

"是的,是的,按强弱排序。一旦席位确定下来,鸬鹚们就会严格按照这个次序排列整齐。"

22. 像自家孩子一样的海鸬鹚

中世时期御者的装束

我来到了三次市。第二天，我一直跟着上冈先生，因而得以看到他作为鹚匠的一整天的生活，从白天为捕鱼做准备，到夜间下河捕鱼。

上冈先生在午饭前开始为捕鱼做准备。他早晨起床后就会立即进入鸬鹚棚，观察每只鸬鹚的情况，一旦发现身体状况稍有不适的鸬鹚就必须让其休息。上冈先生需要花费相当长的时间来为捕鱼做准备。在夜幕降临前，上冈先生要再次确认每只鸬鹚的身体状况，并把它们放入鸬鹚笼中。然后，他再把鸬鹚笼放到卡车上，载往河边。

在岸边，他要将鸬鹚船装到卡车上，然后再沿着河流向上游进发。在没有卡车的年代，要想从此处到上游，就必须划船逆流而上。不久，就会有好几艘鸬鹚船聚集在一起。鹚匠们开始为当晚下河捕鱼做准备工作。

在战后盛行驯养鸬鹚的时期，三次市共有10余艘鸬鹚船，非常壮观。但是，由于驯养鸬鹚业后继无人，且在经济上难以让人维持生计，因此现在鸬鹚船的数量减少到了两三艘。如果不采取完善的措施加以保护，恐怕三次市的鸬鹚捕鱼景象就会消失。

下河捕鱼时，鹚匠们戴着老式的黑漆帽，在黑色的短裤上绑着短蓑衣，其装束宛如中世时期工匠的装束。据说这身装束效仿的是显贵身边御者的服饰。御者是身份低下的人，负责养牛或赶马车。或许浅野长治在引进长良川的鹚匠管理制度时，将其装束也原封不动地引进了。

游客们坐在装饰有五颜六色灯笼的带篷游览木船上，等待着鸬鹚船的到来。虽然刚到9月上旬，但江风已有丝丝寒意。这是因为三次市位于中国山地中的盆地，一到夜里，气温就会急剧下降。穿夏装的话，人们就会冻得瑟瑟发抖。

不久，鸬鹚船闪着若隐若现的白色灯光，逐渐出现在人们的视野中。"啊，来了，来了"，游客们欢呼雀跃地叫了起来。鸬鹚船从黑暗中划了出来。

鸬鹚船以相当快的速度不断靠过来，呼喊声和划桨的声音也逐渐清晰。鹚匠们一边操控鸬鹚捕鱼，一边将船驶向游客这边。

鹚匠们麻利的操控绳索的手法

鸬鹚船沿着湍急的河流顺流而下，眨眼间就从我们眼前经过。游船紧随在鸬鹚船的后面。来到渔场后，鹚匠们就会把船停下来开始捕鱼。载着游客们的游船也在渔场停了下来。游客们从船上探出脑袋,目光追随着在河面上浮浮沉沉捕鱼的鸬鹚。稍不留意,人们的目光就跟不上动作敏捷的鸬鹚了。

一位鹚匠左手紧握绳索,右手控制绳索,聚精会神地操控着8只鸬鹚。鸬鹚们在水中追鱼的方向各有不同,刚刚潜入水中,转眼间又浮出了水面。观看的人如果注意力不集中,就难以知道鸬鹚是否捉到了鱼。

图3-10　同时操控8只鸬鹚的鹚匠

鹚匠需要灵活地操控每根绳索,同时也要与后桨手相互配合,操纵竹竿改变前进的方向。既要避开河流中的岩石,又要把鸬鹚赶到香鱼多的地方。这期间鹚匠要以不断呼喊的方式来鼓励鸬鹚。当鸬鹚的颈部堆满鱼,鼓鼓囊囊的时候,鹚匠就要把鸬鹚引到身边,敏捷地抓住鸬鹚的脖子,然后用力拉拽鸬鹚的喉咙,让鸬鹚将鱼吐进鱼笼中,然后再把鸬鹚放进河里……

当鸬鹚逮住一条东逃西窜的香鱼时，会把它横叼在嘴里浮出水面。然后，先将香鱼抛向空中，当香鱼落下时，鸬鹚会对准香鱼头，麻利地将香鱼吞入口中。动作真是风驰电掣般神速啊。

捕鱼将近一个小时后，鹚匠就会把船停靠在沙洲上，休息10分钟左右。游船也会停靠在沙洲上，游客们这时可以观赏鱼笼中鸬鹚捕的鱼。鱼笼中有300条左右大大小小的鱼，但香鱼的数量很少。

——没有多少香鱼……

"最近香鱼的数量的确在不断减少。以前一个晚上可以捕到很多笼香鱼，但现在根本逮不着了。"

——虽然这条河受公害的影响不太大，但状况也还是越来越糟糕了。

"谁知道是怎么回事呢。还是人类破坏了大自然啊。照这样发展下去，人们光靠在河里捕鱼，根本无法维持生计啊。"

鸬鹚是个大肚汉

中途休息后，再让鸬鹚捕一会儿鱼，就该到围猎捕鱼的高潮阶段了。鹚匠们将两艘鸬鹚船横向排开，呼喊着将鱼群逼向岸边，这就是所谓的围猎捕鱼法。据说当年有很多鱼的时候，无处可逃的鱼会争先恐后地跳到沙滩上。然而，如今的围猎捕鱼，总共也就只有两三艘鸬鹚船，很难称得上壮观的围猎捕鱼景象。但即便如此，游客们也会在篝火倒映的河面上心满意足地欣赏这场鸬鹚捕鱼秀。

观光船离开后,鹚匠们就会驾驶两艘鸬鹚船,赶着鸬鹚慢悠悠地回到落岩码头。为了使儿子能子承父业,上冈先生还要在那里再训练儿子一个多小时。待一切都结束,已是晚上11点多了。

鸬鹚在鸟类中也算得上数一数二的大肚汉。如果是香鱼的话,每只鸬鹚一天可以吃掉四五十条。正如《梁尘秘抄》中的歌谣所示,以前鸬鹚的食物是甲鱼。甲鱼的数量减少后,鹚匠就经常给鸬鹚喂鲫鱼、鲇鱼和泥鳅。

但是,仔细想想,如果是食量小、容易喂饱的鸟,就不适合驯养帮人捕鱼。原因在于这种鸟捕到几条鱼后就不会再追鱼了。然而饭量大的鸬鹚总会有一种空腹感,因此会追鱼追几个小时。操控鸬鹚捕鱼的关键就是控制鸬鹚的饥饱。

当然,鹚匠不会让鸬鹚把潜入水中捕到的鱼吃掉。如果鱼被当场吃掉,那鹚匠就捕不成了。而且如果鸬鹚很快吃饱,就不会再潜入水中捕鱼了。

于是,在鸬鹚下河捕鱼前,鹚匠要给所有的鸬鹚都套上类似于狗圈的带子。将鸬鹚的翅根部分和颈部系在一起,并在其间插入一根短竹竿,然后将鸬鹚的颈部往上推。这样一来,鸬鹚的颈部就会被收紧,吞进嘴里的鱼就会停在鸬鹚的颈部而不会进入胃里。从鸬鹚的角度来看,不管它们潜入水中捕到多少鱼,最终在船上都得吐出来。

——听说鸬鹚以前主要吃甲鱼,现在主要吃什么?

"鸬鹚真的是一种讲究的鸟,只吃比目鱼、鲷鱼和鲽等白肉鱼和鲹。鱼稍一不新鲜，鸬鹚就看也不会看一眼，当然更不会吃死鱼啦。夏季让它们在河里吃鱼自然是没问题，可一到冬季就很难弄到食物喂它们。以前即使是冬天，也可以让鸬鹚在河里追鱼，而现在因为有渔业法的限制，也不能让它们捕鱼了。"

政府补贴不够鸬鹚饭费

这样一来，鸬鹚的大饭量使得鹚匠背负着很重的经济负担。因此，各地的鸬鹚逐渐消失。

"这是最重要的原因。战前在日本各地的河流流域，听说有近150个地方都有人驯养鸬鹚，但现在都快没有了。最大的原因就在于经济上不合算。一年当中，夏天4个月勉强可以维持，但其余8个月都无法捕鱼，而鸬鹚每天都需要吃大量的鱼，这实在难以维持下去。"——这些鸬鹚一天得需要几百条活鱼吧。

"毕竟有十几只鸬鹚呢，每天都要吃掉好几百条鱼。单靠那点儿微不足道的补贴，根本不够用。"

——三次市的补贴有多少？

"每年有75万日元左右，但这只能抵一部分冬季的喂食费用。一到冬天，我们就会开卡车到山阴地区，从岛根县买鲽鱼回来喂鸬鹚。

鸬鹚不吃脂肪多的鱼。吃过一次沙丁鱼和青花鱼后，第二天就再也不吃了，只是把它们叼在嘴里来回甩着玩而已。鸬鹚要是吃得不好，很快羽毛就会像沾了棉花一样，进到河里时，水一下子就会被溅飞。另外，绝对不能给鸬鹚喂带咸味的鱼。每当鸬鹚吃到带咸味的鱼，就会把这些鱼全部吐出来。"

听完上冈先生的一席话，我突然明白三次市的鸬鹚和山阴地区有密切的联系。以前人们是从岛根县益田市的高津川买进鸬鹚的。

我查询了很多资料，发现山阴民俗学会编的《传承》第11号（1963年4月）中登载了最上孝敬先生一篇题为《高津川的鸬鹚》的论文。

据该论文可知，山阴地区也很盛行驯养鸬鹚，而且高津川驯养鸬鹚的历史十分悠久。在高津川流域流传至今的也是原始的"徒步鸬鹚"。据说有古文献记载，大约在230年前，高津川的鹚匠曾经前往吉川藩的岩国一带，教那里的人们驯养鸬鹚。

被驯养的海鸬鹚原本也是在隐岐国至朝鲜附近出没。据记载："在高津捕到的鸬鹚，不仅可以供给高津川上游的鹚匠们，也可以供给广岛县的三次、筑后川流域的浮羽郡和岐阜县的长川流域。"从这一点来看，三次市驯养的鸬鹚原本就和山阴的沿海地区息息相关。上文中提及的败战尼子武士传说也并非完全虚构。

卖鱼的艰辛

落岩地区妇女部的妇女们向我讲述了各种各样的往事。

以前，在以捕鱼维持生计的家庭里，整个家族的人都会齐心协力去卖鱼。全家人会一起收拾男人们夜里捕到的鱼。然后，再由女人们拿出去卖。

在当地，人们会将鱼放在浅边竹笼里，然后把竹笼挎在腋下，拿到三次的城镇去卖。以前，人们是边走边吆喝："卖香鱼啦！卖香鱼啦！卖黄颡鱼啦！卖黄颡鱼啦！"黄颡鱼和鲍鱼尺寸差不多，是江川的特产，十分美味。

——你们都卖什么鱼呀？怎么收拾呀？

"我们会将三条鳗鱼卷在一起，然后将尾巴拉得长长的，这样鱼就会显得比较大。我们会将黄颡鱼做成烤鱼来卖。用竹签将黄颡鱼穿成串，中间放两条最大的，其他位置穿上一些小的，穿成扇形，这样整体就会显得很大，就会卖得好。这些都是老奶奶们手把手教我们的。"

——据说家里人很少能吃到父亲捕到的鱼……

"家里人都没怎么吃过香鱼。我们会趁着这些鱼还活着的时候尽力将它们卖掉。如果鱼卖不完的话，生活就会过得很凄惨很艰辛。

那时候也没有冰箱，在傍晚前必须想方设法把男人们早上捕来的鱼都卖掉。邻居们也会到处去卖鱼。在城镇上碰面时，如果还有人没卖光，大家就会相互帮着去卖。"

——和如今的生活相比，以前的生活怎么样？回想当年……

"现在人们都是直接过来买鱼,用不着我们出去卖鱼了,但是以前的生活还是很令人怀念的。哎,那时候大家过得都是苦日子,但相互扶持,关系都很好……"

"我刚从娘家岛根县嫁过来的时候,家里穷得都揭不开锅。当时村里的人们真的是很贫穷",71岁的冲田子绘女士告诉我。

——最痛苦的事情是什么?

"卖东西时,最痛苦的就是碰到从学校回来的自家小孩。那种心情真的难以形容。这副样子出现在孩子面前,孩子心里会怎么想啊。别人家的父母都不做这种不光彩的营生,为什么自己的父母要穿成这样卖鱼啊……想到这些就会很难过啊。

于是我就会急急忙忙地藏到小巷里,或者匆匆忙忙地躲进路边的房子里,从孩子们的眼前消失。这真的是很令人难过的事,眼泪在不知不觉中就会流出来……"

夜里制作"传八笠"

——阿婆,您从山阴地区嫁到这个村子里,来之后感觉怎么样啊?

"山阴和这里都是穷地方。我出生的地方也是个受歧视的村子,但是这比我们那还要穷得多。刚开始的时候我感到十分吃惊,这的好多家庭连挂钟都没有。

晚上制作传八笠时，村里会用铃声来通知大家睡觉的时间到了。听到铃响，大家就会收拾收拾睡觉。而且，部落内部也看重家世。这里的人们会将家世不好的家族说成小家族。我们这些外地人常常被别人说成小家族的，会觉得脸上无光。在部落里，有钱人和没钱又没田的人也是有差别的。"

——听说很少有外人会来这个村子……

"在我小的时候，常常会有一些游民来村子里。他们拖家带口地各处游荡，有时会在田间的小窝棚里待上一周左右。

人们也会自己制作笼子、炊帚和毯子，拿出去卖。大家都很辛勤地劳作着。也会把捕的鱼拿去卖。年轻的姑娘们长得都很漂亮。嗯，年轻的姑娘卖东西时，大家都会去捧场。真是一群好人呢。也常听说小伙子想娶媳妇，年轻的姑娘不想嫁本地人的。可也有姑娘会嫁本地人，婚后仍然住在三次。"

——表演门前戏的艺人们会来这里吗？

"中元节、年末新年的时候，表演大黑舞的艺人们就会来我们这。他们会用头巾之类遮住脸，只露出两只眼睛，边唱边走。我们感觉很有意思，所以就会紧跟在后面走。

听说这些人是从山阴地区过来的，大都还是部落出身的人吧。

虽然也称不上是艺人，但我们这也有人会在新年期间出去卖艺,带回来年糕之类的。这些人一看到我们,就会偷偷跑掉,真的很可怜。他们都是瞒着孩子出去卖艺的。"

——当时村里人有什么样的娱乐活动呀?

"提到这个啊,大家都很穷,整天劳作也没时间娱乐呀。流浪卖艺的那伙人经常会到河滩上来表演。大家都盼着他们来,都很开心地去看表演。我们村也常常组织起来演个戏之类的。很多人都技艺精湛啊。有的人水平真的是相当高。

如果没有什么事情可做,大家就会聚在一起聊天。人们都很穷,只能拿聊天当娱乐。倒霉的事、有趣的事,什么都可以聊。刚开始时大家会聊一些比较实际的,渐渐地就会说一些夸大的话,最后就都是胡话了。真是很有意思啊。自古以来我们村的人就都很健谈。"

23. 自然遭到破坏　生物难以生息

川之民、山之民的智慧

说起健谈，在落岩地区多年从事捕猎工作的前角等先生也很健谈。我听说他一直在山中游走捕猎，就拜托大森先生带我到他家。

前角等先生给我讲了很多住在山里的动物的故事，他从大自然生态圈获得的渊博知识及其巧妙的语言，令我感到十分惊艳。虽然他已年近七十，却十分有精神，也很健谈。他老人家知识渊博，真可以称得上是民俗学的活宝库。

首先，前角等先生向我讲述了他一年的生活周期。他家可谓是面河背山。换句话说，前角等先生既是"川之民"，又是"山之民"。

山中捕猎一般只在冬季进行，从12月开始，到次年2月15日结束。狩猎结束后，他就开始制作捕捞河鱼的渔网。然后将渔网放置在鱼群的必经之路，坐待鱼进网中而将其捕获。他一般从3月开始下河捕鱼，主要捕的是黄颡

图 3-11 在讲述自然生态系统的前角等先生

鱼。而 6 月至秋季则一直捕香鱼。在夏季忙碌的时候,他又会作为后桨手在鸬鹚船上劳作。入冬后,他便又开始进入山中捕猎。

——您会到哪一带捕猎?

"广岛县的山,我到处都走遍了。早上起床后就带着干粮去山里,主要是在从志和町到濑野附近捕猎。现在上年纪了,已经去不了太远的地方了。以前一个冬天就可以捕到三四百只猎物,现在也就捕一百只左右。不管在哪儿,现在都不能只靠捕猎来谋生了。因为自然环境遭到破坏,动物越来越少了。单说落岩地区,曾经有那么一阵子,去山中捕猎的有 30 个人,可现在最多也只有 5 个人而已……

——您都捕哪些动物呀？

"主要捕捉狸子、狐狸、黄鼬、貂等。如果不十分了解动物习性，就很难捉到它们。猎户们都有非常丰富的生活智慧，聪明而又善于思考。他们根本不用步枪，而是在动物的必经之路上设置夹虎器。有些动物只要闻到人的味道，就不会再靠近夹虎器了。狸子肯定是雌雄一起出没，雄狸在前面走，雌狸在后面走，雄狸十分照顾雌狸。

雌狸会跟着雄狸走同样的路。如果雄狸落网的话，雌狸第二天会来探它，可如果闻到有人的气息，雌狸就不会再来了。"

——这些动物有常走的兽道、固定地盘之类的吗？

"嗯，动物们都有自己的地盘。狐狸比狸子还要聪明，它们非常清楚猎户在哪里设置圈套。

因此，狐狸会避免走它们觉得可能有陷阱的路，而猎户就在狐狸另选的路上安装真正的陷阱。这是动物和人之间智慧的较量。狸子喜欢吃柿子，一般不在深山，而是在靠近人家的地方出没。黄鼬的活动范围大概有一公里左右。黄鼬被捕到后，过上个三四天，就会有其他动物进到这个地盘里……

——黄鼬的皮毛是好皮毛吗？

"嗯，黄鼬尾巴处的毛可以做成女人的假睫毛，这个地方的毛是最上等的。野生动物皮毛的光泽的确有差异。另外,虽然会有些腥味,但黄鼬的肉很好吃。而狢子肉香得很,肉店老板都会来买。说到狸子肉,有的有腥味,有的没腥味。而狐狸肉是完全不能吃的。"

——您把这些动物皮拿到哪儿去卖呀?

"在三次卖,但主要是神户市的人过来买。一般采用投标的形式来卖。如果动物的皮毛上有划痕就不好办了,所以逮回来后立刻就得把它们的皮剥下来,然后再鞣皮子。这可是个技术活。现在市面上很流行貂皮大衣,但在以前几乎没有人穿带皮毛的衣服。那时,皮子都出口到美国去了。战后,皮子可帮我们赚了不少外汇呀。即便一张也会很值钱。一个星期逮到一只的话,赚的钱就够吃够喝了。"

用于捕捉动物的陷阱装置也都是猎户们自己精心制作的。前角等先生还请我看了放在箱子里的许多装置。他说:"现在已经没什么人还有这些装置了。"

前角等先生把这些装置从箱子里拿出来,一一为我进行说明。夹虎器是用铁做的,动物的脚一旦踩在上面,支点处的弹簧就会脱落,动物的头、脚就会被夹住。也有用竹筒做成的装置,可以用其来捕捉黄鼠狼,不过据说这个装置经常会捕捉到蛇和山椒鱼。

——是靠直觉来选定设置陷阱的地方吗?

"要想对山中情况了如指掌,需要有好几十年的经验。上山以后,首先要聚精会神地观察山里的动静,然后再做判断。如果是外行人的话,根本弄不清楚。但是不管是草微微动了一下,还是有不同寻常的沙子吹过来,猎户马上就能判断出是什么情况。松树长得茂盛的山里,狸子皮挺不错的。而住在岩石多的山上的动物,因为要进岩洞,皮毛最好的部位会磨损。这种皮子就不算好皮子了。"

消失的猎户营生

——山中捕猎今后的前景如何?

"我小学毕业后就学习了钣金技术,然后就进工厂工作了。作为技术人员,我也算是有些能耐的,所以到处都请我去。在新加坡的时候,因为战败,我吃了很多苦后回到了家乡。因为我很讨厌被人呼来喝去,所以就没给别人打工,而是继承了父亲的营生。

父亲教了我一套关于捕猎的知识,但后来的就要靠自己的直觉了。随着经济高速发展、工业化速度加快,动物的数量不断减少。山中捕猎变得越来越艰难了。猎户这营生到我这就算是最后一辈了。"

——动物的数量减少得那么多吗?

"黄鼬每胎会生好多个仔,即便被人大量捕捉,来年数量又会增加。田里有洞,洞里会有很多泥鳅。泥鳅是黄鼬最爱吃的,但因为人们撒农药,泥鳅也没了。而且鱼也没法在混凝土的环境中生存,这一点黄鼬十分清楚。目前正是黄鼬产仔的季节,可人们却将那么多农药喷洒在空中啊。哎,大自然已经完了。

我们这些猎户都是一边保护山中的动物,一边捕猎的。因为要是动物都没了,我们也就没法生活了。像我们这样的猎户捕捉的动物的数量是很少的。动物们都是被农药杀死的。公害破坏了人类的生活,也使动物都遭了殃。哎,就算在乡村,真正的大自然也快消失了。"

24. 鸬鹚返回故乡的海

战争刚刚结束时的艰辛生活

在这次走访落岩部落期间，我受到了上岗先生等当地民众的诸多关照。村里的人们向我讲述了很多往事，还送给我一本小册子，记载了故老们回忆的往事。

小册子中有一段讲述的是战争刚刚结束时的状况。那时村里的人们要骑自行车去岛根县河边捕鱼，路途很远。

当时的自行车真是破烂不堪，连轮胎也破得无法使用了。于是，他们就将绳子一圈一圈地绑在车轮上，拼命地骑着自行车翻山越岭奔向岛根县。他们夜里就得出发，需要花上好几个小时才能到达鱼多的那条河。

他们捕鱼一直捕到天明，然后再骑着破破烂烂的自行车翻山越岭往回赶。遇到强降雨，有时会因为突然涨水而差点被淹死。"这样的事，即便给现在的年轻人说，他们也不会相信的"，老人们这样说道。

我想写的东西还有很多，但不得不收尾了。在结尾部分，我认为还是用鸬鹚的故事来结束比较好。

我想了解一下那些驯养多年的鸬鹚临死前的状况，于是就向上岗先生询问道："那些老得不能再捕鱼的鸬鹚后来怎样了呢？"

"就算是年轻的鸬鹚，也有为追鱼潜到岩石下面，却被岩石挂住出不来的。我会想方设法地救它们，但有时真是没辙呀，救不出来的鸬鹚就死了。这种时候，鸬鹚真是十分可怜。我心里也会很难受，会在河边挖个坑，非常郑重地埋葬死去的鸬鹚。哎，毕竟是一起搭档了多年的……我会回忆起第一次带这只鸬鹚来河边时的情景……"

恋恋不舍地回归大海

在我昨天参观的鸬鹚棚中也有上了年纪的鸬鹚。它们曾经铮亮发光的黑色羽毛已经斑白了。一旦衰老，这些鸬鹚便会和人上了年经时一样视力变差，会渐渐变得不能再捕鱼了。

"以前我会将老了的鸬鹚放进河里去，还是想让它们在大自然中度过最后的时日啊。这些老了的鸬鹚一被放到河里，就会沿着河游回它们出生的故乡——大海。

也有很多鸬鹚中途就死了。有的是被猎户用步枪打死的，有的是因为撞在石头上死的。现在，我会把上了年纪的鸬鹚送到岛根海岸，让它们回到大海里去。"

——最长寿的鸬鹚在这里待了多少年？

"在这里待了22年啊。"

——养了22年的鸬鹚啊!您肯定会很宠爱它吧。

"一起生活那么长时间,自然就会产生一种超越人与鸟的关系的感情啊。我已经把这些鸬鹚当成是自己的孩子了。早上起床后,我最先要做的就是去鸬鹚棚里看看它们晚上睡得怎么样。"

——看到您早上起来进到鸬鹚棚里,鸬鹚们大概都很开心吧。

"嗯。我一进棚,鸬鹚们都会吧嗒吧嗒地欢闹起来。随后,我会查看每只鸬鹚的身体状况。而鸬鹚们还会摆出一副催我快点去看它的样子。"

——将和自己长时间待在一起的鸬鹚放走,您肯定会感到寂寞吧。

"是的,这会让我很寂寞。

虽然是将上了年纪的鸬鹚放回海里了,可我也不能确定它们能不能独立生存下去。但即使是这样,我还是想让鸬鹚回到它们的故乡,让它们在故乡死去。有的鸬鹚是放到海里也不可能独立生存的。遇到有这种已经不能再捕鱼的鸬鹚,鹚匠们就会一直把它们养在鸬鹚棚里,直到它们死去。"

——被放入海中的鸬鹚会马上向海里游去吗?

"不,它们不愿意游到大海里去。有的鸬鹚在海浪打过来时仍旧纹丝不动。可能鸬鹚们也会有一种恋恋不舍的心情吧。

在一起生活了 15 年甚至 20 年，这些鸬鹚和人已经心意相通了。但尽管如此，渐渐地它们还是会游向大海的。它们会不断地转头张望，恋恋不舍地，渐渐向海中游去……"

上岗先生讲述的时候，可能是想起了 50 年来和自己一起辛苦劳作的鸬鹚们的往事。泪水在他的眼眶里打转，闪闪发光。

终

日本文化的地下暗流

图1　熊野牛王的宣誓书

25. 往来于古道的卖艺人

巡礼者、虚无僧、在山野中修行的僧侣、舞狮人

我年少的时候一直居住在摄津西国古道沿线的小村落里。我们村子里的箕面瀑布被称为西国第二名瀑，仅次于熊野那智瀑布。安静恬适的乡村里蜿蜒着箕面瀑布流淌下来的清清流水，还有美丽的梅林。

西国古道穿过箕面山峦山脚下低缓的原野，与以京都为起点的山阳道相连。牛马拉的排子车总是繁忙地奔波于狭窄的道路上。因为这里是中世时期建起来的历史悠久的古道，所以会有巡礼者、虚无僧、在山野中修行的僧侣以及各种各样的卖艺人从这里经过。这些都是20世纪30年代初期的事。

每当有云游修行的人和卖艺人经过的时候，孩子们都会跟在他们后面走一段路。孩子们会窥视深草笠下面，想看看虚无僧到底长什么样。孩子们也会请求在山野中修行的僧侣们让自己拿一下他们吹的、用海螺壳做的号角。可是，孩子们不会吹这些大型的号角，怎么也吹不出声音来。

在孩子们当中最受欢迎的是舞狮子的和耍猴的。孩子们有时会在后面追着看一整天，甚至追到邻村去看。

如淡墨所绘的图画一般，那时的记忆残留下来了一些影像。而其中我至今依然清晰地记得的是被称为"六部"的卖艺人。

正确的叫法应该是"六十六国诸国回国"。他们一年中要经过这条古道好几次，其中很多都是上了年纪的巡礼者。他们落魄潦倒，身着破烂的棉衣，带着套袖，打着绑腿，足登草鞋。头上戴的是像草帽一样的东西。手持大大的念珠，挂着白木杖。他们一边摇晃着铃铛打着钲鼓，一边挨家挨户表演门前戏。

14世纪的书籍《太平记》中记载了"六部巡游"，因此可能在镰仓时代就已经出现"六部巡游"了。因为这些僧人一边云游四方，一边将自己誊写的《法华经》献给日本全国66个圣地，所以他们又被称为"六十六部"。

可是，江户时代之后，如此云游的僧人消失了，取而代之的是社会底层的卖艺人六部。他们还保留着以前的装束，但是其实质已经变成了在各地漂泊的贫苦流浪者。为了生存下去，他们保持了表演门前戏的习俗。

背负着佛像的"六十六部"

在往来于古道沿线的众多卖艺人当中，为什么六部的身影会如此鲜明地在我儿时的记忆中留下呢？其中最重要的理由，应该是他们的背箱中有很稀罕的物件。背箱是指装有佛事用具的带腿的箱子。他们背负着和孩子们差不多高的沉重的背箱，挂着白木杖，挨家挨户表演门前戏。其中有一些上了年纪的"六部"几乎可以说是步履蹒跚。他们站在人家门前，嘴里一边嘟哝着一些像是经文一样的语句，一边摇晃着铃铛打着钲鼓。一听到铃铛的响声，家家都会抓一把米送出门来，在门口喜舍给他们。于是"六部"就会深深地低下头。

在背后跟随着"六部"的孩子们常常嘣嘣地跳起来，想要窥视他们背负的背箱里到底放着一些什么东西。如今想起来，背箱里放置的应该是佛龛。

佛龛上有可以向两旁展开的门扇。说起来，应该是那种可以搬运的小型佛龛。里面收纳了极小的佛像和经书。背箱是那些不隶属于特定寺院而云游四方的贫苦僧人们用来安置本尊的重要箱子。

"六部"们背箱中的佛龛里有时供奉的并非是佛像，而是佛画。如今想起来，应该是地藏菩萨。在日本的民间信仰中，地藏信仰在贫苦的老百姓中特别根深蒂固。

地藏菩萨是保佑孩子安泰并守护孩子前途的神佛。正如巡礼歌（即朝山拜庙歌）中所唱的那样，地藏菩萨是守护不幸在小小年纪就夭折了的婴儿的神佛。婴儿在冥土的河滩上为供祀父母而捡拾石头造塔时，鬼魅现身将塔毁坏。而此时将困在河滩上的孩子藏在衣服的下摆处救出来的正是地藏菩萨。

我小时候觉得不可思议的事情是佛龛中的佛像周围会

粘贴着很多小孩子的照片。当时我不太明白这些到底意味着什么。

如今想起来,应该是那些贫穷到无法去寺院参拜的父母们,为了自己那小小年纪就夭折的孩子而想方设法拿出一点可以布施的东西,以此请求"六部"将自己孩子的照片粘贴在佛像周围吧。说起来,这些父母们是把"六部"当成了代替自己参拜神佛的人,请他们云游于各地的寺院,为自己不幸的孩子祈祷冥福。这是贫困的老百姓创造出来的令人悲伤的习俗。

这些"六部"作为乞食的人而受到大家的蔑视和轻视,可他们一直背负着佛像不断蹒跚在古道上。

26. 游走于山间贫寒乡村的卖艺人

定时来访的阴阳师

下面要讲述的是我在丹波大山深处小小的被歧视部落里听闻的事情。根据江户时代传承下来的说法，低级阴阳师或是像古时候的巫师一样的老人每年会定时来访这个部落三次。他可能是从有很多民间阴阳师的播磨地区附近来的。

一直到江户时代末期，各地都还有这种阴阳师。他们当中有一些人居住在被歧视部落，还有一些人建立了只有阴阳师们居住的小村落。这种小村落被称为"宿""算所""院内"。当然，这种情况下他们被当作杂贱民而受到歧视。

那位老人主要游走于山阳和山阴古道沿线山间贫寒的乡村。途中会顺便来到这个部落。他应村民们的要求，做一些占卜、祈祷、祓除不祥等事。因为这里是一个既没有寺院也没有神社的小部落，所以那位老人就代替了僧侣和神主之职。按现代的说法，他还扮演了社会福利机关的调查员和医生的角色。

那位老人展现的正是因明治维新改革而遭到废除的阴

阳师"穷途末路"的景象。但是，对于在山间被迫过着孤独无靠生活的部落民众来说，在他们的日常生活中，那位老人的来访具有重大意义。

卖艺人云游四方，了解各种各样的信息。对于连文字都读不利落、没有机会接触各种各样的学问和知识的民众们来说，可以说他们就是僧侣、教师。举例来说，合欢树开花的时候要播种呀，这样做的话猪就不会跑到田地里去了之类的，村里一直有类似的说法。这些知识正是四处漂泊的卖艺人教给大家的。

他们也会给大家开一些中药。在贫困的乡村，不到万不得已的时候，人们是不会请医生来看病的。于是，他们就会告诉大家生这样的病的时候喝这个之类的，会教大家药草的处方。据说他们还会告诉大家去某某城镇或村庄可以找到什么样的活计之类的事情。因为他们会告诉大家各种各样的信息，所以对于民众来说，他们真的可以说是非常值得感激的人。

代替僧侣、教师、医生的角色

刚来这个部落的时候，大家都聚集了过来，让我有机会饶有兴趣地倾听故老们回忆往昔。因为这个山村除了简单的民俗活动之外没有任何娱乐，所以当年大家都诚心盼望那位老人来访。

但是，那位阴阳师每年来的时候都会显得更加老迈。人一上了年纪，就不太方便走险峻的山路了。如此一来，每年定期来访的日期就渐渐地推迟了。

不久之后,终于到了人们都觉得那位老人今年恐怕是最后一次来了的时候。那一天,部落里的所有人都走到村子的边界处,目送那位老人越过了山梁。

每当老人离开村子走到山顶上时,总会低头行一次礼,然后再消失在大山的那一边。

但是,当最后一次来临的时候,因为这次将是永别,所以老人数次低头行礼后才翻山而去。村子里的人们一直挥舞着手臂,直到再也看不到他的身影。

以当今年轻人的眼光来看,这样的事情可能会显得有些不合理和愚昧。但是,对于那些孤独地生活在山村的贫苦民众来说,拥有丰富的百姓智慧的卖艺人是他们生活中非常重要的存在。这些卖艺人以他们特有的方式支撑起了日本民众文化的基础。

这件事还有后话。那位老人不再来了,第二年开始,一位年轻一些的接班人依旧每年来这里。在山间游走的他们之间可能也有一定的势力范围,有固定的巡演路线。这一切持续了100多年,持续了几代人。

当然,他们传播的文化和那些身份地位很高的贵族以及武士们所拥有的讲究的文化有很大差异。但是,我们可以说,在日本民众的生活史中,他们传播的文化具有不容抹杀的重要意义。这种民俗本身可能是比较低俗的,但是却与居住在大山深处的贫苦民众的生活有着密切的联系。

27. 探访起源于中世时期的部落

土佐的赤冈遗留下来的民俗和艺能

在我探访的被歧视部落中，有几个部落起源于中世时期，拥有悠久的历史。位于土佐宇多松原附近的赤冈算是高知县排名第三的大型部落。赤冈在被歧视部落数量众多的四国算是历史最为悠久的部落。镰仓时代，地头中原秋家移居到此处时，带来了制造武器防具的工匠、阴阳师、卖艺人，并令他们定居于河口的三角洲一带。

这即是部落的起源。据乡土历史学家近森敏夫所言，这里齐全地保留下来了描述这个部落历史的《东鉴》（吾妻镜）以来的古典文献。

部落周边还保留着与中世时期的艺能有密切联系的镇村区划名称，比如"大鼓宅地""市巫女""傀儡""箎"。这个三角洲中偏向以大名居城为中心的市街区域，以往是散所居住的地方。这里居住的主要是一些手艺人。

而所谓河原，是指从事受到歧视的营生的人们所居住的海边荒芜之地。散所当中有一些卖艺人团体利用大鼓和竹刷子进行表演。统率这些卖艺人团体的是被称为"散所太夫"的芦田主马太夫。这位太夫长年控制着土佐一带的阴阳师、唱门师（声闻师）。

从赤冈的贱民地区产生了人数众多的卖艺人，他们去各地游走巡演。其中主要是一些继承中世时期说经节源流、被称为"祭文"或"口说"的说书人，他们随身携带着《信德丸》《刈萱石童》《小栗判官》等。

这个地区有一座小型神社。地方守护神美宜子神社的神体①是漂泊的卖艺人随身携带的用木头制作的人偶，也就是木偶。在这个部落中流传着典型的"贵种流离谭"。传说有身患不治之症的高贵的小姐被放在"空船"上漂流，漂流到这一带海滨时，终于找到了可以安居的地方。

同时，赤冈还保留下来了几首非常出色的民谣。幕府末期的画师绘金正是在赤冈的艺能风情中形成了自己的艺术风格。他描绘夏季祭祀活动中村里人演出的歌舞伎，以其浓烈的当地风俗美和极致的样式美而闻名于世。

在福冈的艺人村看到的《刈萱》遗迹

20世纪70年代末期，我探访了福冈的旧堀口村。这里也是近世初期就已经建立起来的具有悠久历史的部落。我探访了起源于中世时期的艺人町的古迹，如圣福寺周边的寺中町和普贤堂町等。我还去邻近的堀口村转了转。

就在那时，我在狭窄的小巷里发现了一尊小小的地藏

---

① "神体"是指日本神社内供奉的礼拜对象。

菩萨。

我看了一下旁边挂着的来历，上面写着"刈萱石童丸物语的发祥地"。也就是说，说经节《刈萱》中有名的石童丸是因其父加藤繁氏从这里的地藏菩萨处得到一块温热的石头而出生的。其由来在《刈萱道心行状记》中有明确的记载。

当然，这也可能只不过就是一个传说而已，但是在这个地区有与石童丸的出生相关的地藏菩萨这件事具有相当重要的意义。

说经节是由游走于各地的说书人口头传承并发展起来的口承文学。说书人是指那些居住在散所和河滩、生活在社会底层的流浪艺人以及低等云游修行的人。

经他们之手向各地传播的物语为数众多，诸如《刈萱》《信田妻》《山椒太夫》《小栗》《爱护若》《松浦长者》《信德丸》《百合若大臣》等都非常有名。中世末期至近世期间，在说经节中出现的各种各样的民间文学和传说很受民众喜爱。其中很多作品都在江户时代作为歌舞伎和人形净琉璃的剧目而被搬上了舞台，并作为代表日本民众文化本质的物语而广为人知。我小时候也觉得和外国的童话相比，这些物语令人亲近得多。

最后的讲经师

本书已经介绍过名作《信田妻》的主人公的故地位于和泉旧南王子村的"信太森林"深处。20世纪70年代初期，从旧南王子村的部落中发现了40册左右的陈旧的笔记。它们被带到我这里，希望我来判断一下这些笔记到底是什么。

我仔细阅读后发现，这些笔记是出生于当地的讲经师逵田透一留下来的日记的一部分。1911～1915年的记录已经散失了，1919年以后的都保存了下来。逵田作为讲经师游走于近畿各地，他将所到之处自己讲述的"说经节"详细地记在了日记里。他详细地记述了得到当天观众喝彩的讲题、观众的反应和自己当天的反省。

也许逵田是史上最后一位讲经师吧。年迈之后，他每天伏案整理法然（8卷）和亲鸾（11卷）的言行录。他将其誊清并供奉于菩提寺后就去世了，享年74岁。在部落中保留下来的各种各样的文化性的记录中，这算是非常珍贵的遗产。

如上所述，赤冈、旧南王子村、旧堀口村这三个部落都是具有悠久历史的部落。这几个部落相距甚远，但都可以在部落里听闻到起源于中世时期说经节的故事。

这并非纯属偶然。在这三地的文化深层中到底有什么共通之处呢？进一步发掘这些部落中传承下来的文化艺能，我们可以发现其中显露出来的是中世时期以来拥有辉煌传统的贱民文化。

"河原者""卑贱的身份""制外者"

深入日本历史的深处，可以感受到日本文化的深层有着一股地下暗流，即由受歧视、受压迫的民众担负起来的贱民文化。但是，这些受歧视的民众所承担的劳动和生产一直被认为是低俗而无意义的，被从历史的舞台上抹杀，被赶入了不见阳光的阴暗世界。

在战前官方的史学研究中，具体深入研究贱民的生活及其谋生手段是被视为禁忌的，人们都佯装不知，无视于此。同时，他们孜孜不倦积累起来的技术和文化只有精华的部分被巧妙地侵吞，被记述成了好似是那个时代的统治者们专有的一样。

今天，当被问及什么可以代表日本艺能时，任何人都可以列举出中世时期的能乐（＝猿乐）和狂言、近世时期的歌舞伎和人形净琉璃。然而，表演猿乐的人中，即便是有名的世阿弥也曾被当时的贵族称为"乞食所行"。（三条公忠『後愚昧記』）

歌舞伎的名角也一直被当作"河原者"而受到贱视。纵观明治维新后的大阪府令及教部省布告可知，他们依然被称为"河原者""卑贱的身份""制外者"（国立劇場芸能調査室『明治の演芸』㈠）。

自宝永五年（1708）有名的《胜扇子》事件之后，幕府正式认可歌舞伎不受"秽多"头领弹左卫门的管辖。史料也清晰地证明了在那之前各地的"秽多"部落与歌舞伎等表演有密切的联系（『日本庶民生活史料集成』第十四卷、『日本庶民文化集成』第十二卷）。

因为当时处于习惯法时代，所以作为起源于中世时期河原者的传统习俗，幕府也认可其具有演出权。

虽然不再参与幕府公认的盛大演出，但各地区的"秽多""非人"村落中依然会有人出门去表演初春时节的门前戏和祝福艺。在民众中非常受欢迎却无法登上大城市光鲜舞台的诸多艺能，在江户被纳入非人头领的控制下，受乞胸仁太夫的领导。

"叩钵""敲钲鼓"继承了以空也上人为祖师的中世时期"念佛圣"的传统。而声闻师体系下的低级阴阳师团体则被称为"宿""算（散）所""院内""寺中"。自元禄时代起，"念佛圣"和低级阴阳师团体就与四处演出的歌舞伎及人形净琉璃有密切的联系。诸多史料也明确显示曾存在过被称为"艺人村"的地方。

后　记

　　毋庸赘言，存在于中世至近世时期、在日本文化史上留下重要足迹的"贱民文化"的真实形态，并非一直完整地保留至今。

　　明治以后，随着现代都市文明的浪潮汹涌而来，由被歧视民众传承下来的民俗艺能逐渐被逼入地区文化的角落。

　　即便如此，第二次世界大战结束之前，他们还是想方设法生存了下来。但是，在20世纪60年代开始的经济高速增长的浪潮中，这一切几乎完全消失在历史的黑暗中了。曾经是可喜可贺的象征新春的门前戏和庙会上出彩的街头卖艺都已经不见踪迹。这些传统艺能有不少已经后继无人，当年的那些表演者的子孙们也都散去了。

　　我去各地被称为"艺人村""艺能村"的村落探访时发现，往昔岁月的踪迹已经一点点消失，唯余悲哀的衰败景象，令人产生一种祭祀活动结束后会感受到的冷清之感。

　　在《日本民众文化的原乡》一书中涉及了三个主题，即"汤浅的春驹""圆通寺的木偶戏""三次的鸬鹚"。无论哪一个都称得上是从江户时代一直传承至今的宝贵的民俗遗产。正如本书所述，如果我们探究其源头，恐怕需要追溯到中世末期。这三者都是日本自古以来就与民众的生活密切相关的民俗艺能。在底层社会，人们一边与各种各样的压迫和歧视现象做斗争，一边为了生存而将其作为谋生手段传承至今。

对于那些仅仅享受文化中精华部分的统治者来说，底层民众生活的世界看上去似乎是一个与自己无缘的卑劣不洁的世界。但是，正因为其是一个不遵从上流社会共同认知的、无序而又令人惊恐的混沌世界，所以才会孕育出新时代精神的嫩芽。

归根结底，谈及历史时我们无法忽视生活在该时代的众多民众的意志、感情、野心及怨恨。

在身份制度下处于底层的贫苦民众没有机会完成自己小小的青春志向就消失在历史的黑暗中了。大家都是拼命努力、想方设法在那个时代中生存下去。

正如本书中故老们所讲述的那样，苟酷的部落歧视是令人难以忍受的侮辱，伤害了人类精神的根源。但是，这道厚厚的歧视之墙无法完全夺走人类的梦想和希望。被歧视部落的人们被逼到极限，处于极为窘迫的状况中，可他们依然为了生存而想方设法地谋生。他们一边反抗各种各样非笔墨言辞所能形容的歧视和压迫，一边作为希求自由的人而挣扎着活下去。

在本书当中，我邀请了许多出生并成长于被歧视部落的故老们讲述自己的人生。这些构成了本书中出现的各种故事的骨架。原本这本书应该冠上这些故老们的名字出版。在此，我再次向他们致以诚挚的谢意，并真心祈祷祝福他们幸福安康。最后，请允许我向取材之际给予我诸多帮助的当地朋友表达诚挚的谢意。

一九八四年十月一日
冲浦和光

解说 游走于亚洲边缘地区的人

国井哲义

与冲浦先生已经交往了将近10年,我曾经与他一起去国外和国内进行过十几次实地考察。坦率地说,我从来也没有见过如冲浦先生一样与众不同的学者,他突破了一般意义上的研究者的框框。可以说他是一个行动型的研究者,把握住了实地考察与文献研究之间绝妙的平衡,而且他涉猎的范围真的很广。翻阅冲浦先生的著述,你会惊讶于这一切竟然是一位学者凭一己之力做出来的业绩。

冲浦先生主要前往下述四个地区进行实地考察。(一)为研究世袭阶级种姓制度而前往印度;(二)为研究日本渔民的原乡和民俗而前往以印度尼西亚为中心的南太平洋边境的各个岛屿;(三)日本各地的被歧视部落;(四)曾经因江湖艺人和艺伎而热闹的、具有悠久历史的宿场和港口城市。

一看即知冲浦先生是以亚洲边缘地区为其研究中心。这一点与他青年时代的思想阅历有密切联系。正如冲浦先生在很多著作中所言及的那样,他曾经于20世纪70年代初期去西欧留学。从某种意义上来讲,他感受到了"西欧的没落",体味到了深深的幻灭感。回国途中,他顺路前往印度,感受到了印度历史的悠久,并看到了世袭阶级种姓制度下苟酷的歧视现象的实际状态,心理受到很大冲击。于是冲浦先生从第二年开始每年都走访东南亚各地。这就是其最初的经历,决定了其此后的生活方式和研究方向。冲浦先生看待事物的视角从以西欧为中心转向了亚洲、日本。与此同时,他开始探求日本民众文化的源流,并直面部落问题。

本书正是冲浦先生基于上述立场写就的、与被歧视部落的民俗和艺能相关的实地考察成果之一。

冲浦先生所进行的实地考察的特别之处在于其看待对象的视角。在民俗学研究当中,由于研究对象是人,因此视角常常成为一个问题。研究者将自身置于高处来俯视研究对象的情况并不少见。我的一位肯尼亚朋友就常常对前往肯尼亚的日本文化人类学者的傲慢态度表示愤慨。

冲浦先生的态度与之正好相反。他一直在贯彻一种与研究对象处于平等的地位、从平等的视角看待事物的态度。各位读者一定在本书的很多地方都看到了作者的身影,他一边把心里的话毫不客气地说出来,一边与部落的故老们产生深深的共鸣,和他们一起愤怒、一起开心、一起悲伤流泪。

曾经有一幕令我难以忘怀。那是1999年3月在尼泊尔的加德满都发生的事。当时我正在冲浦先生身后几步远的地方走着。他一边递给擦肩而过的人们某些东西,一边快步走着。我仔细一看,原来他是在避人耳目地悄悄给那些拖住他脚步乞讨的麻风病患者一些钱。

据冲浦先生讲,他以前在印度旅行的时候,曾经与同行的人探讨过对待乞丐应该采取怎样的态度的话题。有一些人主张绝对不应该给乞丐金钱,而冲浦先生则认为应该给他们一些钱。他认为贫困和歧视并非因此就可以得到改变,可是哪怕对方可以因此吃一顿饱饭也是好的。

冲浦先生的想法总是现实的、实际的。有些学者常常会左思右想而最终什么都没做,冲浦先生与这种状态是无缘的。他的行动力真的非常强。在进行访谈时,一听到有新的情况,不立刻去确认一下,他就不甘心。

2005年夏天去婆罗洲旅行的时候,我们在马辰的夜市上遇到一个卖眼药的江湖艺人在卖力地叫卖。看热闹的人很少,他卖的眼药根本就没有人买。冲浦先生应那个江湖艺人的要求,最先当了实验对象,他的眼睛里被滴入大量的眼药。那可是连化学成分都搞不清楚的"诡异的"药品啊。我可是一直到最后也不肯当对方的实验对象。冲浦先生后来对大家说,在那种时刻他觉得即便是自己的眼睛坏了也没关系,因为他无法不顾及对方的心情而行事。冲浦先生真的很善良,即便是别人不愿意做的、有一定危险性的事,他也是敢于挺身而出,并率先采取行动为信条行事。

下面我想谈一谈本书的内容。本书从整体上来看是由三个部分构成的。(一)围绕着纪州路春驹的民俗艺能;

(二）鸟取县圆通寺的木偶戏；（三）广岛县江川的鸬鹚。上述内容都是与被歧视部落的民俗和艺能相关的访谈，以及与之相关的历史性论述的考察。

在御坊部落的访谈内容中报告了如下事实。在位于日高川河口的御坊部落中，人们赖以维持生计的主要工作是装卸船只上的货物。大家建立了搬运工行会，行会的会长由大家直接选举产生。一个人可以顶几个劳力的大力士和只能搬运少量货物的残疾人薪水都完全均等。圆通寺演出木偶戏的团体也是同样的状况。部落的故老们在讲述这样的事实时也完全没有用讲述一件特别的事情的口吻，而是当作理所当然的事情轻描淡写地讲述着。

但是，在一般社会中这绝不是理所当然的事。通常来讲，会采用计件付酬制、按业务能力付酬制、论资排辈等方式，会以各种理由在分配上设置差异。可是，由于在通婚及居住地点等各方面受到歧视，部落大多被封闭在狭小的地域内。在部落里人们拼命努力地相互扶助。若非如此，他们就无法生存下去。这种相互扶助精神的核心正是"平等"。这真是令人感动的事。

关于门前戏，本书介绍了故老们的话语："表演门前戏不管怎么说形式和乞食差不多……"据说这样讲述的故老的眼中充满了泪水。据说他们去表演门前戏的时候要早早地趁孩子们还没有起床就从家里出发，夜里等到大家都已经沉睡了才回来。他们如此在意周围人的眼光，想要出去表演还要顾及他人的看法。初春等时节进行的祝福性的门前戏演出历史悠久，从中世就有了这种传统。近代以后，即便是在部落中，这些也开始遭到歧视。

这是有原因的。明治初年，日本政府开始建立全国性的户籍制度（壬申户籍）之际，部落的民众被纳入了平民籍，即所谓的《解放令》。在那个时候，曾经有一段彻底取缔"流民"的历史。"流民"是指流浪之人，包括流浪的艺人、表演门前戏的艺人，或者是山窝游民、脚踏大风箱的人等，即在户籍制度范围外的人。因此，表演门前戏开始受到歧视，被认为是一种"乞食所行"。

另外，除了一部分发达地区之外，部落民众当中并不存在对抗上层压迫和排斥的运动、组织。在1922年建立"全国水平社"之前，部落解放运动并没有全国性的横向联系。

故老们提及表演门前戏就是在乞食时流下了泪水。他们为了生存而不得不去表演门前戏。这泪水中凝缩着他们对自己人生的深入思考。这正是日本历史上出现的数代受歧视的民众不得不忍受的屈辱和歧视。本书出色地"访谈听取"了这些现实中曾出现过的情况。

但是同时，本书看上去又在某种意义上打破了这些现实中曾出现过的情况。因为故老们富有活力地讲述了春驹等门前戏，并实际表演了春驹舞。

我曾经听冲浦先生讲过有些地区的人们拒绝接受"访谈"。每当这个时候，他都会热切地讲述在日本文化史中贱民阶层的作用，试图说服对方。据说故老们听到自己表演的艺能具有那么悠久的历史后，终于认识到自己表演的是应该值得自豪的传统艺能。这一点在本书当中体现为他们终于可以堂堂正正地报出自己居住的地名和本名。这往往是人们容易忽略的一点，而在 80 年代上半期这可是具有划时代意义的。

从执笔本书开始，岁月已经流逝了 20 多年。恐怕本书中收录的很多证言，在现在这个时间点上都已经无法再发掘了。从这个意义上来讲，本书所做的访谈可以说是即将湮没在历史尘埃中的贱民文化的珍贵记录。

有一些事实是由本书明确的，这在当时可以说是具有划时代意义的。人们一般认为门前戏等民众艺能当时是由"非人"或者是低级阴阳师之类的"杂种贱民"阶层的被歧视民众传承表演的。但是正如本书所明确的，"秽多"身份的被歧视民众也传承了这些艺能。

本书当中有令我无论读几遍都会感动的文章。在后记当中有下述内容。

> 正如本书中故老们所讲述的那样，苛酷的部落歧视是令人难以忍受的侮辱，伤害了人类精神的根源。但是，这道厚厚的歧视之墙无法完全夺走人类的梦想和希望。被歧视部落的人们被逼到极限，处于极为窘迫的状况中，可他们依然为了生存而想方设法地谋生。他们一边反抗各种各样非笔墨言辞所能形容的歧视和压迫，一边作为希求自由的人而挣扎着活下去。

这是作者探访了数量众多的被歧视部落后，在当地体悟出来的结论。各位读者应该可以从本书中清晰地看到那些虽然受到苟酷的歧视，却不断与之抗争并坚强地活下去的人们的身影。

（千里金兰大学教授　哲学、人权论学者）

阅读日本书系选书委员会名单

姓名	单位、职务	专业
高原　明生（委员长）	东京大学　教授	中国政治、中日关系
苅部　直（委员）	东京大学　教授	政治思想史
小西　砂千夫（委员）	关西学院大学　教授	财政学
上田　信（委员）	立教大学　教授	环境史
田南　立也（委员）	日本财团　常务理事	国际交流、情报信息
王　中忱（委员）	清华大学　教授	日本文化、思潮
白　智立（委员）	北京大学　副教授	行政学
周　以量（委员）	首都师范大学　副教授	比较文化论
于　铁军（委员）	北京大学　副教授	国际政治、外交
田　雁（委员）	南京大学中日文化研究中心　研究员	日本文化

图书在版编目(CIP)数据

日本民众文化的原乡：被歧视部落的民俗和艺能/(日)冲浦和光著；王禹，孙敏，郑燕燕译.—北京：社会科学文献出版社，2015.8
（阅读日本书系）
ISBN 978-7-5097-7707-7

I.①日… II.①冲… ②王… ③孙… ④郑… III.①风俗习惯-研究-日本 ②民族文化-研究-日本 IV.①K893.13 ②K313.03

中国版本图书馆CIP数据核字（2015）第147255号

·阅读日本书系·

日本民众文化的原乡
——被歧视部落的民俗和艺能

著　者/〔日〕冲浦和光
译　者/王　禹　孙　敏　郑燕燕

出 版 人/谢寿光
项目统筹/徐碧姗
责任编辑/徐碧姗　夏仲壮

出　　版/社会科学文献出版社·近代史编辑室（010）59367297
　　　　　地址：北京市北三环中路甲29号院华龙大厦　邮编：100029
　　　　　网址：www.ssap.com.cn
发　　行/市场营销中心（010）59367081　59367090
　　　　　读者服务中心（010）59367028
印　　装/北京季蜂印刷有限公司

规　　格/开　本：889mm×1194mm　1/32
　　　　　印　张：9.375　字　数：187千字
版　　次/2015年8月第1版　2015年8月第1次印刷
书　　号/ISBN 978-7-5097-7707-7
著作权合同
登　记　号/图字01-2014-4962号
定　　价/39.00元

本书如有破损、缺页、装订错误，请与本社读者服务中心联系更换

▲ 版权所有 翻印必究